人力资源管理理论与实务
系列教材

绩效管理

杨敏杰◎编著

JIXIAO
GUANLI

上海交通大学出版社
SHANGHAI JIAO TONG UNIVERSITY PRESS

内容提要

本教材是为普通高等院校人力资源管理专业"绩效管理"课程教学而编写的。

本教材分为绩效管理的理论和实训两大部分。理论部分,从绩效计划、绩效过程监控、绩效考核、绩效反馈和绩效结果应用等五个方面进行阐述。五个方面分别设置了案例导入、知识小专栏、案例分析和延展阅读等环节,进一步强化理论的应用,增强课堂教学的互动效果。实训部分,是在理论授课基础上对重点技术技能的实战训练与应用指导,由若干实训项目构成,每个实训项目包含实训目的、实训步骤、实训报告、评分要点、实训资料等内容。实训项目涵盖绩效管理所有重点问题,弥补课堂教学脱离管理实际的不足,提升学生的实际应用能力。

本教材既可以用作普通高等院校人力资源管理专业教材,也可以作为企业人力资源管理咨询和指导用书。

图书在版编目(CIP)数据

绩效管理/杨敏杰编著. —上海:上海交通大学
出版社,2021.12
　　ISBN 978-7-313-24550-2

　　Ⅰ.①绩… Ⅱ.①杨… Ⅲ.①企业绩效-企业管理-
高等学校-教材　Ⅳ.①F272.5

　　中国版本图书馆 CIP 数据核字(2021)第 249181 号

绩效管理
JIXIAO GUANLI

编　　著:杨敏杰
出版发行:上海交通大学出版社　　　　　地　　址:上海市番禺路 951 号
邮政编码:200030　　　　　　　　　　　电　　话:021 - 64071208
印　　制:上海天地海设计印刷有限公司　经　　销:全国新华书店
开　　本:710mm×1000mm　1/16　　　印　　张:13.75
字　　数:197 千字
版　　次:2021 年 12 月第 1 版　　　　　印　　次:2021 年 12 月第 1 次印刷
书　　号:ISBN 978 - 7 - 313 - 24550 - 2
定　　价:58.00 元

人力资源是推动社会经济发展的第一资源。近年来,党中央、国务院高度重视人力资源服务业的发展,人力资源和社会保障部按照人才强国战略和就业优先战略的部署,制定了促进人力资源服务业发展的系列政策措施,推动我国人力资源服务行业保持较高增速。目前行业规模更是跨越万亿元门槛,成为推动我国经济发展的重要引擎。

人力资源管理得到了企事业组织的高度重视,如何把握好人力资源规划、职位分析、招聘管理、绩效管理、薪酬管理、培训管理、员工关系管理等人力资源管理中的关键环节,已经成为企事业组织考虑的最重要的问题。随着以大数据、移动互联网、人工智能等为特征的新科技时代的来临,企事业组织对员工素质的要求大大提升,人力资源管理面临着更高的要求和更大的挑战。

无论是提高企事业组织的人力资源管理水平,还是建立具有中国特色的人力资源管理理论体系,都需要大批具有先进管理理念、掌握科学管理方法的人力资源管理人才。近年来,社会对人力资源管理专业人才的需求一直居高不下,旺盛的需求同样导致供给的增加。据统计,到目前为止,全国已有500多所高校开设了人力资源管理本科专业,这些专业不仅面向企业,也开始逐步面向政府公共部门。因此,提高人力资源管理人才的培养水平已经成为当务之急。

人力资源管理是实践性和操作性很强的专业,更注重应用技术型人才的培养,而应用技术型人才培养的本质在于实践。"人力资源管理理论与实务"系列教材立足于应用技术型人才的培养,充分体现了对实践的尊重。本系列教材的作者们系统总结、提炼和升华了多年的教学实践经验和企事业人力资源管理经验,聚焦中国本土企事业组织的招聘管理、绩效管理、薪酬管理、培训管理、员工关系管理等人力资源管理经典模块,以全球视野与互联网时代新思维,全面而立体地剖析人力资源管理的关键方法,对于快速提升学生的人力资源管理水平和技能,具有极大的参考价值。

在浩如烟海的人力资源管理类书籍中,针对人力资源管理入门者、应用技术型人力资源管理人才,围绕人力资源管理的工作流程,提供系统化业务知识指导与实践的书籍相对较少。本套系列教材与其他人力资源管理类书籍相比,有以下两个方面的特点:

其一,精炼化的管理理论。本系列教材包括《招聘管理》《绩效管理》《人员素质测评》《员工培训与开发》《薪酬管理》《员工关系管理》等。教材中提炼的管理理念,尽量不基于某一实践个例,而是对近年来解决实际管理问题的方法的系统性分析与归纳,较为科学、与时俱进;既可以满足人力资源管理专业学生系统学习人力资源管理知识的需要,也可以让非人力资源管理专业的学生根据需要选读。

其二,针对性的实践内容。除《人员素质测评》,本系列教材的下篇都为实践篇,这部分内容摒弃复杂难懂、高深莫测的枯燥学术性词汇,注重生动性和接地气;将人力资源管理前沿理论与应用实战经验高度融合,形成具有较高的可操作性的管理工具与方法。本套系列教材将理论与实践有机结合,内容新颖,题材丰富,既包含体系化的管理理念与知识,又收集了丰富的"实战工具"。

实践的力量是伟大的,源于实践、尊重实践、最终应用于实践的情怀与理念是值得推崇的。本系列教材的作者们充分发挥实践的力量,为解决管理中的实际问题提供理论方法与参考工具,为人力资源管理专业学生职业技能的提升指引方向、提供动力。

本系列教材由上海杉达学院人力资源管理专业教师编写,得到了上海杉达学院专项资金的资助，充分体现了学校对专业教学工作和教材建设的鼓励和支持。希望本套系列教材能够成为人力资源专业学生以及人力资源管理从业者的良师益友。

（上海杉达学院副校长）

前　言

　　在当今日趋激烈的市场竞争中,一个企业要想取得竞争优势,必须不断提高其整体绩效。实践证明,提高绩效的有效途径是进行绩效管理。绩效管理是一种提高组织和员工的整体效能,使组织和员工不断获得成功的管理思想和管理方法。通过绩效管理,可以促进企业形成一个以绩效为导向的企业文化;可以激励员工,提高他们的工作满意度,使他们更加投入地工作;可以增强团队凝聚力,改善团队绩效。绩效管理可以帮助企业进行正确的决策,实现绩效的持续发展,不仅有助于提高成功率、缩短适应期、减少试错过程,而且必将对企业的长远发展产生十分深远的影响。

　　本教材的宗旨就是通过系统学习和模拟训练,使大学生掌握绩效管理的理论、方法与技巧,对企业的绩效管理目标和实施策略了然于心,使他们在未来的企业绩效管理过程中更加得心应手。同时,还能对大学生产生内在的激励作用,增强他们的学习和实践的动力,激发他们自觉地按要求开发自身职业潜能,提高综合素质。

　　本教材作者长期从事"绩效管理"课程教学,有着丰富的教学和实践经验,近些年,对这门课程开展了大量的教学研究,取得了较多成果。本教材作者认真总结了多年来的教学研究成果和企事业单位的实践经验,同时,遵照教育部关于精品教材建设的要求,系统调研了同类教材的现状与发展趋势,并在深入把握新时期应用技术型人才培养要求的基础上,筹划并编写了这本教材。

本教材主要有以下特点:①完整性。教材涵盖了绩效管理的整个过程,对其中的重要理论与技术进行了阐述,以使读者对本课程有一个全面的认识。②前沿性。教材搜集了国内外相关研究的最新成果,并将它们融入相应的理论体系,以使读者了解到国内外研究的新进展。③操作性。教材试图提升读者的绩效管理技能,通过有针对性的案例、互动教学活动、范例演示活动揭示出实务操作的关键点;通过实训项目的引导和实践,使读者在操作中领悟知识要点和关键点,同时,配有填充式的表格,方便读者进行实践模拟训练。

本教材分上下两篇,上篇为理论部分,下篇为实训部分。第 1 章深入剖析"绩效考核""绩效管理"等基本概念,导入绩效管理的基本理念及流程;第 2 章以"绩效计划与绩效指标体系"为主题,讨论绩效计划的制订和绩效指标体系的构建;第 3 章以"绩效监控"为主要内容,探讨对绩效管理过程的严格控制把关;第 4 章以"绩效考核"为主题,阐述绩效指标评价方法、绩效考核技术的应用,明确绩效考核中的问题及对策;第 5 章以"绩效反馈与面谈"为核心,揭示绩效反馈沟通与面谈技巧;第 6 章以"绩效考核结果应用"为核心,提供分析绩效差距的方法,探讨绩效结果的具体应用。下篇为实训部分,共设计了 9 个实训项目,帮助学生掌握绩效考评方案的撰写、绩效计划书的编写、绩效指标体系的设计以及绩效反馈面谈的技巧等。

本教材主要适用于应用技术型高校人力资源管理专业学生,企事业从事管理类工作的读者也可以使用本教材进修学习。本教材在编写过程中参阅了大量的参考书和文献资料,主要参考文献已列在书后,在此对有关专家和学者表示诚挚的感谢。由于编者水平有限,书中难免有不妥之处,敬请读者批评指正。

目 录

上篇 理 论 部 分

下篇 实训部分

上篇

理论部分

1

绩效管理概述

⊙ 学习目标

（1）理解绩效、绩效考核、绩效管理的含义；

（2）掌握绩效考核与绩效管理的区别；

（3）了解绩效管理对组织战略的意义；

（4）了解绩效管理在人力资源管理系统中的定位；

（5）掌握绩效管理的基本流程；

（6）掌握绩效管理的闭环系统。

⊙ 引例

华为独特的绩效管理：减人、增效、加薪

在瞬息万变的互联网时代，许多传统行业被颠覆。不过，仍然有一家公司不仅没有被颠覆，并且一直保持着持续的增长，并成功超越了对手。其中一个关键性秘诀就是：在慢跑中推进增量绩效管理。这就是赫赫有名的华为公司。那么，华为公司在推进增量绩效管理上有什么样的独特方法？

1. 由工资倒推任务

很多公司做预算时，通常是给员工安排任务，这就等于"逼着"员工去做。华为的做法恰好相反，它只有一个规定：根据工资，按比例倒推出员工的任务。例如：某员工负责的项目有 500 万元的"工资包"预算，其中该

员工的工资预算是 30 万元,那么员工必然会为这 30 万去想办法完成绩效。

公司最核心的管理问题是,一定要把企业的组织绩效和部门费用、员工收入相关联。最重要的措施是提高核心员工的收入,"倒逼"他持续成长。所以华为规定必须给核心员工加工资。每年给完成任务的前 20 名的员工加 20% 工资,中间 20% 的员工加 10% 的工资。此外,做得再差的部门,也要涨工资,不过可以裁减人员。

总之,给少数优秀的核心员工涨工资,来"倒推"他提高绩效,这就是增量绩效管理。

2. 提高人均毛利

华为首先将毛利分成六个包:研发费用包、市场产品管理费用包、技术支持费用包、销售费用包、管理支撑费用包、公司战略投入费用包。公司要找到这六个包的"包主",让这个"包主"去根据毛利来配备团队的成员。

这种做法对于中小企业同样适用。企业一定要注意将人均毛利提上去,人均毛利率的增长,决定着人均工资的增长。如果中小企业的人均工资上不去,一定会成为大企业的黄埔军校,掌握优秀技能的人才就会被别人挖走。

3. 减人,也要增效

一个企业最好的状态是不养闲人。比如:四个人的活儿,由两个人来干,每个人就能拿双倍的工资。这就涉及一个问题:减人增效。这是绩效管理的首要目标。所以,华为人力资源部在确定招聘需求的时候,一定要搞明白三个问题,第一,为什么要招这个人?第二,他独特的贡献是什么?第三,能不能把这个岗位给别人做,给别人加点工资?

在华为,部门经理的首要任务就是精简人员。管理岗位和职能岗位越合并越好,产出岗位越细分越好。产出岗位是什么?就是研发经理、市场经理、客户经理。对于产出岗位,最好要"去行政化"。也就是说,企业一定要提升产出职位的级别,让他们只干产出的事情,但是可以享受总裁级的待遇。

从这个角度来说,企业的行政职位和产出职位要分离,要有明确分工,因为有了分工以后,才能更好地调整工资结构。此外一定不能亏待产出职位的员工。比如对于优秀的研发经理、产品经理、客户经理,要拿出 20%的增量对他们进行激励。

（资料来源：http://www.zwgl.com.cn/cn/97920357.html,有删减。）

绩效是组织的使命、核心价值观、愿景和战略的重要表现形式,也是决定组织成败和可持续发展的关键因素。因此,如何利用科学的理论、方法和工具对绩效进行计划、监控、评价和反馈,不断提升绩效水平,从而实现组织既定的战略目标,始终是管理学界热衷的话题。为了更好地理解这一话题,本章将从绩效的基本概念入手,继而展开有关绩效管理的论述。

1.1 绩效考核与绩效管理

1. 绩效的含义

绩效是任何一个组织都不得不关注的话题。从不同的学科角度认识绩效,所得出的结论也不同。从管理学的角度看,绩效是组织为了实现其目标而展现在不同层面上的有效输出。它包括个人绩效和组织绩效两个方面。从经济学的角度看,绩效是员工与组织之间的对等承诺。从社会学的角度看,绩效意味着每个社会成员按照社会分工所确定的角色而承担的一份职责。

目前对绩效的界定主要有三种观点,第一种观点认为绩效是结果;第二种观点认为绩效是行为;第三种观点强调绩效与员工潜能的关系,关注员工素质以及未来发展。在实际应用中,对于绩效的理解,可分为以下几种：绩效就是完成的工作任务,是工作结果或产出;绩效就是行为,是行为与结果的统一体;"绩效 = 做了什么（实际收益）+ 能做什么（预期收益）"。

2. 绩效考核的含义

绩效考核是指考核主体对照工作目标和绩效标准,采用科学的考核方法,评定员工的工作任务完成情况、员工的工作职责履行程度和员工的发展情况,并且将评定结果反馈给员工的过程。

我们可以从以下三个角度理解绩效考核。

（1）绩效考核是从企业经营目标出发，对员工工作进行考核，并使考核结果与其他人力资源管理职能相结合，推动企业经营目标的实现。

（2）绩效考核是人力资源管理系统的组成部分，是指人力资源管理部门运用一套系统的和一贯的制度性规范、程序和方法进行考核。

（3）绩效考核是对组织成员在日常工作中所表现的能力、态度和业绩，进行以事实为依据的评价。

绩效考核在实际应用时总是存在不尽如人意之处，究其原因主要有两方面：一是绩效考核自身就是一种容易让人焦虑的活动；二是绩效考核过程中存在很多人为造成的不规范或不科学的问题，如没有有效运用绩效考核结果，使人们认为花费很多时间和精力做这件事情得不偿失。

小专栏1-1

绩效考核既要结果也要过程

毫无疑问，在市场经济中企业要的就是经营结果，人们再也不会去干不赚钱的买卖了。但以结果论英雄的绩效考核，主要是看"点"，既不看"线"也不看"面"，存在诸多片面性，造成了不少矛盾和问题。

（1）引诱造假。2002年，美国上市公司频频爆发诚信危机，这一切背后都隐藏了一个不争的事实：董事会把 CEO（首席执行官，Chief Executive Officer）当作赚钱的"机器"和"工具"，一年比一年高的利润指标压得 CEO 们喘不过气来；CEO 的高薪激励制度使得他们变得越来越贪婪，不断透支公司价值，制造出一个个惊人的"业绩"。任何管理者都知道一个简单的道理，奖罚一个承包了一亩地小麦的农民，他的小麦亩产量不会因此增加一倍，如果你非要他增加一倍亩产，他就只好想别的办法"增产"了。上市公司造假的根源，既有来自董事会的外在压力，也有来自 CEO 的内在动力，如果对企业只考核结果不考核过程，造成上市公司这种造假行为的制度性缺陷，就不能得到及时发现和弥补。

（2）掩盖真相。现在百年老店越来越少，短命的企业和企业家越来越多，原因之一就是我们考核体制有问题。现在企业年终考核主要是考核看得见的"结果",因此大家都热衷做"面上"工作。上市公司看得见的"结果"是价格（股票市值），它是"虚"的，受企业外部的市场因素、政策因素、国际因素的影响，做的是"短线"和"投机"；上市公司看不见的"结果"是价值，它是"实"的，决定它的是企业内部的产品、技术、管理等因素，做的是"长线"和"投资"。

股市价格总是围绕价值上下波动，这是市场常态，企业经营的"结果"并不等于股市变化的"结果"。如果企业把人民币升值、石油价格上涨、投机者炒作带来的股票上涨，也当作企业的盈利能力和竞争能力，就大错特错了。此外，这种虚假的市场繁荣和突如其来的一夜暴富，会更加助长CEO的赌性和盲目扩张。

（3）割裂整体。打个比方，一个企业掘井找油，一个员工挖了999米，没挖到油就退休了，另一个员工接着挖，挖一米就挖到了。如果以结果来考核的话，挖999米的员工没有奖励，挖一米的员工有奖励，这显然是不公平和不合理的。把一个不能分开的东西硬要分开来考核，不是以组织绩效论英雄而是以个人绩效论英雄，这样的公司是难以走得很远的。巴菲特有一句名言：只有潮水退去，才知道谁在裸泳。企业重视和加强对过程的考核，就是要发现和抓住谁在企业"裸泳"。

（资料来源：绩效考核既要结果也要过程，http://bbs.hroot.com/bbs/Detail162964_0.hr.）

3. 绩效管理的含义

绩效管理是一种提高组织员工的绩效，开发团队、个体的潜能，使组织不断获得成功的管理思想和具有战略意义的、整合的管理方法。绩效管理是一个依据员工和他们的直接主管之间达成的协议实施的双向沟通过程。该协议对员工的工作职责，如何衡量工作绩效，员工和主管之间应如何共同努力以维持、完善和提高员工的工作绩效，员工的工作对公司实现目标的影响，找出并排除影响绩效的障碍等问题做出了明确的要求和规定。同时，绩效管理是事前计划、事中管理和事后考核所形成的三位一体的系统。

绩效管理思想的引入与推进是一项耗时费力的系统工程，但它却是组织成长和发展的必要支撑。要建立有效的绩效管理体系,企业必须认识到绩效管理系统的封闭性。只有当绩效管理系统是一个封闭的环时,它才是可靠的和可控的,同时也才能是组织绩效不断提升和改善的保证。因为只有连续不断的控制才会有连续不断的反馈,而只有连续不断的反馈才能保证连续不断的提升。

4. 绩效考核与绩效管理的比较

绩效考核与绩效管理存在明显的差异,绩效考核则是管理过程中的局部环节与手段,侧重于判断和评估,强调事后的评价;而绩效管理是一个完整的管理过程,它侧重于信息沟通与绩效提高,强调事先沟通与承诺。绩效考核与绩效管理的区别表现在过程的完整性、管理的侧重点、主体和对象的地位、出现的阶段等方面,见表1-1。

表1-1 绩效考核与绩效管理的区别

分类	过程的完整性	管理的侧重点	主体和对象的地位	出现的阶段
绩效管理	一个完整的管理过程	侧重于事先沟通与绩效提高,强调事先沟通、承诺与促进	评估人与被评估人共同努力以达到预定目标,被评估人处于主动地位,双方是合作伙伴关系	伴随着管理的全过程(事前、事中、事后)
绩效考核	管理过程中的局部	侧重于判断和评估,强调事后的评价与威胁	评估人对被评估人做出评价,被评估人处于被动地位,双方是对立关系	只出现在特定的时期(事后)

1.2 绩效管理的重要作用

小专栏1-2

老 鼠 偷 油

三只老鼠一同去偷油喝。他们找到了一个油瓶,但是瓶口很高,够不着。三只老鼠商量一只踩着一只的肩膀,叠罗汉轮流上去喝。当最后一只老鼠刚刚爬上另外两只老鼠的肩膀上时,不知什么原因,油瓶倒了,惊动了人,三只老鼠逃跑了。回到老鼠窝,他们开会讨论为什么失败。

第一只老鼠说,我没有喝到油,而且推倒了油瓶,是因为我觉得第二只老鼠抖了一下。

第二只老鼠说,我是抖了一下,是因为最底下的老鼠也抖了一下。

第三只老鼠说,没错,我好像听到有猫的声音,我才发抖的。

于是三只老鼠哈哈一笑,那看来我们都没有责任了。

当绩效出现问题的时候,大家的着力点应该放在如何改善绩效而不是分清责任。遇到问题先界定责任后讨论改善策略是人们的惯性思维,如果我们把精力放在如何有效划清责任而不是如何改善上,那么最后的结果都是归错于外,员工谁都没有责任,而企业财务目标的实现就更加无从说起。

1. 绩效管理对组织战略的意义

人力资源管理能够提升企业价值,是因为劳动力已经不再像过去那样被单纯地看作赚钱的机器,它已经成为一种可以通过增加投入而提高产出的资源,即人力资源。相应地,人力资源管理也就成为以企业战略为基础的一项管理活动。企业战略的实施要借助人力资源管理的各个环节;需要招聘到需要的人,把他们安排到合适的岗位上去,并按他们的工作表现来分配报酬,从而激励他们更加有效地工作。在这一人力资源管理过程中,绩效管理就承担着具体的实施任务。

绩效管理将企业的战略目标分解到各个业务单元,并进一步分解到每个岗位,而岗位的绩效目标最终通过员工来实现,因此管理、改进和提高每个员工的绩效,可以提高企业整体的绩效,从而提高企业的生产力、价值和竞争优势。

2. 绩效管理在人力资源管理系统中的定位

绩效管理在企业人力资源管理系统中占据着核心的地位,发挥着极其重要的作用,并与人力资源管理系统中的其他模块有着密切的联系。

1）绩效管理与工作分析

工作分析是绩效管理的重要基础。工作分析的目的就是要告诉我们某个职位的职责是什么、由谁来做、重要产出是什么,据此制定对这个职位进行绩效考核的关键指标,而这些关键绩效指标就为我们提供了评估该职位任职者的绩效标准。应该说,工作分析为绩效管理提供了基本依据。

2）绩效管理与薪酬体系

越来越多的企业将员工的薪酬与其绩效挂钩,而不再像传统的工资体系只强调工作本身的价值。目前比较盛行的制定薪酬体系的3P模型,就是以职位价值（Position）、任职者的胜任力（People）和绩效（Performance）决定薪酬。因此,绩效是决定薪酬的重要因素。在不同的企业组织中,绩效所决定的薪酬成分和比例有所不同。通常来说,职位价值决定薪酬中相对稳定的部分;绩效则决定薪酬中相对变化的部分,如绩效工资、奖金等。

3）绩效管理与人员选拔

在对人员进行选拔的过程中,通常采用各种人才测评手段,包括心理和个性测验、行为性面谈、情景模拟技术等。这些测评方法主要是针对"冰山"以下部分——人的"潜质"进行的,侧重考察人的价值观、态度、性格、能力倾向或行为风格等一些难以测量的特征,以此推断人在未来的情境中可能表现出来的行为特征。而绩效考核主要是针对人的"显质"进行的,侧重考察人已经表现出来的业绩和行为,是对人的过去表现的评估。从现有员工的绩效管理与考核记录,可以总结出具有哪些特征的员工适合本企业。因此,在人员选拔过程中,就可以利用历史资料进行有效筛选。

4) 绩效管理与培训开发

绩效管理的主要目的是了解员工目前的优势与不足,进而改进和提高绩效,因此培训开发是在绩效考核之后的重要工作。在绩效考核之后,主管人员往往需要根据被考核者的绩效现状,结合被考核者的个人发展愿望,与被考核者共同制定绩效改进计划和未来发展计划。人力资源部则根据员工绩效评价的结果和面谈结果,设计整体的培训开发计划,并帮助主管和员工共同实施培训开发。

1.3 绩效管理体系

1. 绩效管理的基本流程

绩效管理流程通常被看作一个循环,这个循环分为五步,即绩效计划与指标体系构建、绩效管理的过程控制、绩效考核与评估、绩效反馈与面谈、绩效考核结果的应用。绩效管理的一般流程可以用图1-1表示。

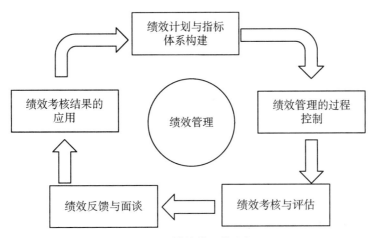

图1-1 绩效管理的流程

作为绩效管理流程的第一个环节,制订绩效计划是绩效管理实施的关键和基础所在。绩效计划制订得科学合理与否,直接影响着绩效管理的整体实施效果。绩效管理的过程控制需要管理者不断地对员工进行指导和反馈,即进行持续的绩效沟通。这种沟通是一个双方追踪进展情况、找到影响绩效的障碍及得到所需信息的过程。绩效考核与评估是一个按事先确定的工作目标及其衡量标准,考察员工实际完成的绩效情况的过程。绩效反馈与面谈则使员工了解主管对自己的期望,了解自己的绩效,认识自己有待改进的方面,此外员工可以提出自己在完成绩效目标中遇到的困难,请求上级的指导。

绩效管理是一个循环的、动态的系统,绩效管理系统所包括的几个环节紧密联系、环环相扣,任何一环的脱节都将导致绩效管理的失败。所以,在绩效管理过程中,应重视每个环节的工作,并将各个环节有效地整合在一起。

2. 绩效管理的闭环系统

只有当绩效管理是一个封闭的环时,它才是可靠的和可控的,同时也才能是可以不断提升和改善的。因为只有连续不断的控制才会有连续不断的反馈,而只有连续不断的反馈才能保证连续不断的改善(见图1-2)。

图1-2 绩效管理系统

◉ 本章小结

我们从不同的学科角度认识绩效,所得的结论也会有所差异:

从管理学的角度看,绩效是组织为了实现其目标而展现在不同层面上的有效输出,它包括个人绩效和组织绩效两个方面。

从经济学的角度看,绩效与薪酬是员工与组织之间的对等承诺。

从社会学的角度看,绩效意味着每个社会成员按照社会分工所确定的角色承担的一份职责。

目前对绩效的界定主要有三种观点:一种认为绩效是结果;另一种观

点认为绩效是行为;还有一种观点强调员工潜能与绩效的关系,关注员工的未来发展。

归纳起来,绩效考核是指考评主体对照工作目标或绩效标准,采用科学的考评方法,评定员工的工作任务完成情况、员工的工作职责履行程度和员工的发展情况,并且将评定结果反馈给员工的过程。

绩效考核在实际应用时总是存在不尽如人意之处。主要有两大方面:一方面绩效考核自身就是一种容易让人焦虑的活动;另一方面,绩效考核过程中存在很多人为造成的不规范或不科学的问题。

绩效管理是一个完整的管理过程。它侧重于信息沟通与绩效提高,强调事先沟通与承诺。而绩效考核则是管理过程中的局部环节与手段,侧重于判断和评估,强调事后的评价。两者存在明显的差异。绩效管理思想的引入与推进是一项耗时费力的系统工程,但它却是组织成长和发展的必要支撑。本章详细讨论了绩效管理的重要作用及其与人力资源管理系统其他部分之间的关系。

要建立有效的绩效管理体系,企业必须认识到绩效管理系统的封闭性。只有当绩效管理循环是一个封闭的环时,它才是可靠的和可控的,同时也才能是组织绩效不断提升和改善的保证。因为只有连续不断的控制才会有连续不断的反馈,而只有连续不断的反馈才能保证连续不断的提升。

 复习与思考

(1) 论述绩效考核与绩效管理的主要差异。

(2) 简要概括绩效管理思想的演变过程。

(3) 绩效管理的重要作用表现在哪些方面?

(4) 简单描述绩效管理体系在整个人力资源管理体系中的定位。

(5) 为什么说绩效管理体系应该是一个封闭的系统?请论述绩效管理循环包括的关键环节以及各个环节之间的关系。

◉ 课后案例

德勤重构绩效管理

德勤(Deloitte)为各行各业的上市及非上市公司提供审计、税务、企业管理咨询及财务咨询服务,成员遍及全球逾150个国家,拥有共约200万名员工。为了充分发挥绩效管理真正的价值和作用,德勤尝试重塑其绩效管理系统。

1. 德勤绩效管理的问题

在德勤最近的公众调查中,58%的高管认为,他们目前的绩效管理方式既无法激发员工积极性,也无法提高员工的业绩。那么,德勤的绩效管理究竟出了什么问题?

1) 耗时巨大

每年年初,德勤员工都会定个人目标。项目结束后,主管会根据目标完成情况给员工打分。这些评估被纳入年终考评,在冗长的"共识会议"上,顾问组会将员工与同侪相比,讨论他们一年来的表现。虽然根据内部反馈,德勤员工认同这种方式的稳定性。然而,在统计花在绩效管理上的时间后发现,德勤每年有200万工时用于绩效管理,而其中花费最多的就是设计评分标准、填表和开会。

2) 评分误差

误差只能减少,而不可能完全消除,绩效评分也是如此。因为打分者的个人偏好、思维习惯和评分宽严度不一样,所以即使员工的表现差异并不大,但分数差异却会很大。为了减少评分误差,目前大多数企业采取的办法都是不断增加评分人、增加考核指标,但同时不可避免的是,这使得绩效管理更加费时费力。

3) 关注过去

很多企业的绩效管理是这样做的:每年年初,员工拟定年度个人目标,每月或者每个项目结束后,主管根据目标的完成情况进行一次考评,这些评分最终纳入员工的年终考评中,然后进入年度的绩效面谈中。但这种频度已经远远不适应现在这个快速变化的时代了。相比这种年终打分,更有价值的是给员工做出实时评价,但因为评分的复杂度,企业想在传统绩效管理下做出实时评价,几乎是一个不可能完成的工作。

2. 德勤绩效管理革命

明确了目前绩效管理体系存在的问题,德勤开始进行绩效管理革命,重新设计着眼于员工未来发展的闭环绩效管理系统。

1) 明确绩效管理的目标

德勤的新绩效管理系统有三大目标:第一,肯定员工的绩效表现;第二,清晰地认识并衡量员工的绩效表现;第三,有效激励员工的绩效表现。

其中,前两个目标是目前大多数企业绩效管理系统的主要目标,即认可并衡量绩效,其主要作用是"保证公平"。但是这两个目标很难充分发挥绩效管理的价值,改善员工表现和公司业绩,即很难起到"有效激励"的作用。换言之,德勤新绩效管理系统缩短了在"保证公平"上的时间和精力,而加大了在"有效激励"员工改善业绩上的投入;从以前的更强调"绩效",变为更关注"管理"。

2) 绩效管理过程强调沟通和智能

德勤的绩效管理新系统将重心放在发挥员工的优势特长上,保证员工清晰理解团队目标,因此,德勤要求每名组长每周至少与组员沟通一次,通过沟通明确每名组员未来动向及其原因,明确优质工作的标准,帮助组员表现出最佳的工作绩效。同时,为了保证沟通频率,增强沟通的有效性,德勤发展了员工自我测评工具,员工通过测评可以进一步了解和探索自己的优势和强项,然后将结果跟组长、同事以及其他人进行沟通交流。

德勤绩效管理新系统实行绩效智能化,而实现智能化最重要的工具之一就是"绩效快照"。绩效快照又分为季度绩效快照和项目绩效快照,它可以快速地捕捉到员工每时每刻的表现。在绩效快照中,横轴体现"我会尽可能多地给该组员奖励",而纵轴体现"我总是希望此人作为我的组员",而所有员工则分布在整个象限内。决策者可以点击绩效快照中的每个点,查阅对应员工的细节信息。

绩效快照可以在管理者讨论以下问题的时候提供充分的依据:

（1）如何决定薪酬？德勤每年都会进行一次薪酬调整决策，而绩效快照能够捕捉到员工间的绩效差异，保证分配的公平性。

（2）晋升哪些员工？对于那些横轴、纵轴分数都很高，被管理者评定为"已做好晋升准备"的员工可以重点关注，考察他的在职时间、绩效历史、业务能力、领导对他的评价等，确定其是否可以晋升。

（3）如何解决绩效不佳的问题？即使那些横轴、纵轴分数都很高的"好员工"也有可能退步，组织有责任对他们进行更多的培训和沟通，帮助他们明确新任务，恢复高业绩；而对于那些横轴、纵轴分数都很低，绩效不佳的员工，企业应及时进行修正。

3）改进绩效评估方式

德勤针对上文提到的原来绩效管理的三大问题对绩效评估方式进行了改进。

首先，为了减少绩效评估所耗费的时间，新的绩效评估方式精简了传统的拟定目标、项目打分、共识会议和最终评分的流程，抛弃了原来360°测评和调查问卷等方式，转为仅由组长进行评价。

其次，为了减轻评分偏差，不再让组长为组员的技能打分，而让他们为自己将对组员采取的行动打分。因为相关研究发现，在评价别人技能时考核者的标准往往会有较大偏差，但如果让他们为自己的感觉和意愿打分，出现偏差的程度和可能性就会大大降低。

最后，为了由关注过去转向关注现在和未来，关注员工业绩的提高，新的绩效评估不再是到每年年终才进行，而是在每个短期项目结束或长期项目完成1/4时就进行。这些信息累积起来，可为管理者提供丰富的信息，帮助员工改进绩效，并进行后续规划、发展路径或绩效模式分析。

经过多次测试、调整和精简，德勤改进后的绩效评估主要需要组长对组员做出如下评价：

（1）题目1：根据对此人的了解，如果用我自己的钱为他支付奖金，我会给予其最高额的奖励。

选项：从1分"强烈不同意"到5分"强烈同意"。

目的：衡量员工整体表现及特殊贡献。

（2）题目2：根据对此人的了解，我希望他能永远留在自己团队工作。

选项：从1分"强烈不同意"到5分"强烈同意"。

目的：衡量员工与他人合作的能力。

（3）题目3：此人濒临表现不佳的境地。

选项："是"与"否"。

目的：判断该员工是否可能有损客户或团队。

（4）题目4：此人如今已具备晋升条件。

选项："是"与"否"。

目的：衡量该员工的潜力。

德勤的绩效管理革命告诉我们，绩效管理应该与时俱进，注重实用性和有效性，变强调"考核"（评价）为强调"管理"，变关注"过去"为促进"未来"。只有形成一个完整而合理的绩效管理系统的闭环，才能真正发挥管理的巨大威力。

（资料来源：老总看板——德勤如何重构绩效管理体系[EB/OL].
(2015 - 09 - 24). http://bbs.tianya.cn/post-763-801200-1.shtml.)

 思考题

（1）德勤绩效管理的问题。
（2）德勤绩效管理改革的措施。
（3）德勤绩效管理革命给组织实践的启示。

 延伸阅读

未来的绩效管理不仅仅是人力资源管理部门的事

作为组织人才管理的重要方式，未来绩效管理应如何"进化"，才能应对人才发展提出的挑战呢？如今，尽管几乎所有企业都拥有绩效管理制度，大部分企业也都能设定明确、可衡量的组织关键绩效指标（Key Performance Indicator，KPI)，并层层下放，连结至事业处、部门及个人。然而，2015年美国智睿咨询公司的调研结果指出，大部分企业的绩效管理并未发挥应有的效能。未来企业应做到以下五个转变，才能让绩效管理真正助力企业与个人的绩效提升。

1. 从 KPI 变为全面的绩效期待

KPI 的达成在现今的大多数绩效管理中占了很大比重，但企业却忽略了一个最重要的因果关系："KPI 达成与否通常跟能力、行为有关"，如一个员工总是达不到时间效率类的 KPI，很可能与他的"时间规划管理"能力差有关。

达成绩效结果需要依靠"对"的知识、技巧、能力，所以，未来在制订绩效期待时，不能只制订针对结果的 KPI 期待，也需明确对能力的期待，更重要的是，明确对发展自我能力的期待。在未来，一个好的绩效计划应该包括三部分：重要的目标（KPI）；需要展现的知识/技巧/能力；个人发展计划。

其实，好的绩效管理在制度设计层面也可以达到多重目的，包括协助管理公司重要的价值观/行为，发展员工的能力，为高潜人才选择、培训需求分析提供重要的数据。

2. 从静态到动态

绩效管理的目的是协助员工达到所承诺的绩效，但如今大部分主管只把重点放在"评估"。但一年两次的评估不会提升绩效，不间断的反馈及辅导才能提升绩效。坏消息是，仅 40% 的主管具备反馈及辅导的技巧。

为了达到发展与提升绩效的目的，未来的绩效管理应从一年两次的绩效评估对话向一个动态的周期转变，包括：期初的沟通期待、取得承诺；过程中不间断的反馈、复核及辅导支持；期末的绩效复核，强调持续不断的进步及对未来的期待。

许多主管在期末复核的面谈中，会大略提到明年期待，就把这当成已经谈过明年目标了，所以，新一年常常是草草开始。正如"一年之计在于春，一日之计在晨"，若年初不将期待谈清楚，又何谈达到目标呢？因此，未来一个好的绩效发展周期，应该把期初的沟通期待、期末的绩效复核分开进行。

此外，我们还要学会区分辅导对话与绩效复核。辅导是针对特定的挑战目标、任务、能力进行讨论，以达到该目标或提升某能力，而绩效复核是针对所有KPI、期待提升的能力、个人发展计划，进行进度、结果的检核，并从中找出需要保持以及需要调整的，以求在期末时完成大部分绩效期待。

3. 向共同责任演变

在将来，绩效发展不仅是人力资源管理部门的责任，更应演变为主管与员工的共同责任。在绩效发展周期的运行过程中，人力资源管理部门扮演着提醒者及辅助者的角色——提醒、辅助相关人员执行在绩效周期中该负的责任，并达到应具备的能力。但若要绩效周期运行良好，达到发展绩效的目的，主要责任则在于主管及员工身上。要让绩效管理从人力资源管理部门的责任演变为大家共同的责任，主管与员工需要做到以下三方面。

期初：主管负责与员工沟通并取得其对绩效期待的承诺；员工需要了解主管的期待，并先行写好绩效计划。

期中：员工负责追踪自己的绩效，请别人给予观察与反馈，并主动寻求主管的辅导及定期的绩效复核；主管应给予观察、反馈，提供必要的辅导支持，并定期进行绩效复核。

期末：员工要先真实地衡量绩效计划中对于结果与行为的期待，找出自己做得好以及可改善之处。

这样，员工将会对自己的绩效更为当责，而不再视绩效管理为无谓的文书作业。

4. 提升各层主管绩效复核的"对话"能力

企业的绩效管理系统通常存在一个误区——关注系统程序多过于关注人。不论是人力资源，还是主管与员工，都花费了大量的时间与金钱来制定绩效管理系统、填写各类表格。我们调研了93个人力资源主管，询问"绩效管理系统、人才系统对于提升绩效管理程序的效率有多少影响"，只有30%的主管回复"有帮助或很有帮助"。当问及"上述系统对于提升绩效管理的有效性有多大帮助"，仅21%的主管回复"有帮助或很有帮助"。过于看重系统及程序表格，也降低了主管与员工对绩效的承诺感，他们只会认为这是无用的文书作业。

绩效系统不会协助人力资源主管了解问题、改善绩效，只有主管与员工的对谈才能有效改善绩效。为了执行好动态的绩效发展周期，未来主管需要具备三种能力：辅导支持的能力，能分析、辨识绩效问题背后可能的能力问题，启发同仁思考解决方案；对能力和行为进行观察和反馈的能力；进行绩效复核的能力，能有效地回顾过去，展望未来，并能激励同仁持续追求进步。

员工就像一部性能良好的汽车，需要不断加油才能完成冲刺，达到最终目的地。而主管拥有了以上能力，就能给员工加油，协助员工冲刺、达标，并在过程中提升自身能力。

5. 区隔绩效管理&奖惩管理

即便是一年两次的绩效评估，其侧重点也应放在"回顾过去，展望未来"。员工与主管的绩效对谈应找出为何成功、如何保持，为何失败、如何改善。但大部分企业在制度设计方面，仍然聚焦于"优良可劣差"的评估结果，甚至为了分配调薪或奖酬资源，对员工进行"强迫分配"，即只能有多少百分比得"优"，其他评估等级以此类推。

企业为什么要这样做？因为大部分的人力资源混淆了绩效管理与奖惩管理，本末倒置地以奖惩管理为目的来设计绩效管理。这如何能够让员工及主管有承诺感？又如何让员工充满持续进步的动力？评分并不能提升绩效，内在想要持续进步的动力才能提升绩效。

企业应将薪资调整及奖励与绩效评估结果进行合理的连结——绩效评估的数据只是主管进行奖酬决策的依据之一，而调薪、奖酬决策还应考虑以下四个因素，进而帮助所有伙伴培养良好的做事方式，达到工作目标。

第一，员工的薪资水平在该职务薪资级距内的情况。假设以5分量表而言，某员工的整体绩效高达4.5分，属于高绩效员工。但因为他在这个职务的薪资级距内已属于高薪资，所以调薪幅度有限。除非你打算提拔他到另外一个职务，承担更高的责任。而你一旦这样做，该员工明年的工作目标要更高，才能调整其薪资与职级。

第二，该职务的不可替代性。有些职务所需的能力或专业知识很特殊，在市场上这样的人才很少。纵然该员工的整体表现（包含目标及行为）平平，但为了留住他，可能还是要采取例外的做法。

第三,奖励的目的。调薪看的是绩效总分,但奖励可能只看某一项目的达标率。例如公司今年强调的是成本控制,可以根据各部分的成本控制达标比率,发放不同比率的奖金。

第四,团体奖励与个人奖励的平衡。如果完全依据个人的绩效分数来进行奖励,那么,可能导致员工将个人利益置于组织目标之上。以5分量表而言,即使每个人都拿到4~5分的高分,但是公司的整体目标没有达到,这时就要权衡能否调薪、奖励。

组织内没有任何一个制度可以取代主管应该肩负的决策与判断。在奖酬决定方面,绩效管理制度提供的数据是主管做决策时考虑的因素之一,但是绩效管理制度并不能给主管一个制式的标准,他们仍需要花费脑筋做出重要的人事决策。

对于企业而言,如能遵循上述绩效管理方法,企业将在各项商业指标(如营业额、客户满意度、客户留任率上的表现),要比那些未能有效执行绩效管理的企业至少高出三倍。

(资料来源:未来的绩效管理不仅仅是 HR 的事[EB/OL].(2019-11-16).https://wenku.baidu.com/view/02fd1ed44a73f242336c1eb91a37f111f0850d2d.html.)

2

绩效计划与绩效指标体系

● 学习目标

(1) 了解设定绩效计划的原则；

(2) 理解绩效计划的内容；

(3) 掌握制订绩效计划的步骤；

(4) 了解绩效指标体系设计的原则；

(5) 掌握设定绩效指标权重的方法；

(6) 掌握绩效指标的计分方法；

(7) 了解绩效指标体系设计中应该注意的问题。

● 引例

A公司的考核怎么了？

A公司成立仅四年，为了更好地进行各级员工的评价和激励，公司在引入市场化用人机制的同时，建立了一套绩效管理制度。对于这套方案，用人力资源部经理的话说，是细化传统的德、能、勤、绩几项指标，同时突出工作业绩的一套考核办法。其设计的重点是将德、能、勤、绩几个方面内容细化并延展成考核的10项指标，并把每个指标都量化出5个等级，同时对等级进行定性描述，考核时只需将被考核人的实际行为与描述相对应，将对应成绩累计相加就可得出考核成绩。

但是，在年度绩效考核中却出现了一个奇怪的现象：工作比较出色和积极的员工的考核成绩却常常排在多数人后面,有些工作业绩并不出色的人却排在前面。此外,一些管理干部对考核结果大排队的方法不理解并产生抵触心理。

总的来说,目前的绩效考核还是取得了一定的成果。不过,让公司高层管理者头疼的是,如何处罚考核排在最后的人员。给这些人降职和降薪无疑会伤害一批像他们一样认真工作的人,但是不落实处罚却容易破坏考核制度的严肃性和连续性。

另外,在本次考核中,统计成绩的工具比较原始,统计考核成绩的工作量太大,平均每个人需要统计 14 份表格,人力资源部只有三个人,却要统计总部 200 多人的考核成绩,最后还要和这些人分别谈话。在整个考核的一个半月中,人力资源部几乎都在做这个事情,其他事情都被耽搁了。为此,人力资源部的负责人建议公司引入一种人力资源软件。那么,公司是否有必要采纳人力资源部的建议呢?

为了彻底弄清楚问题的症结、深入了解一些实际情况,张总经理决定请车辆设备部、财务部和工程部的负责人到办公室来。

车辆设备部李经理和财务部王经理来到总经理办公室。当总经理简要地说明了原因之后,车辆设备部李经理首先快人快语回答道:"我认为本次考核方案需要尽快调整。它不能真实反映我们的实际工作。例如,我们车辆设备部主要负责公司电力机车设备的维护管理工作,总共只有 20 个人,却管理着公司近 60 台电力机车。为了确保它们安全无故障地行驶在 600 公里的铁路线上,我们的主要工作就是按计划到基层各个点上检查和抽查设备的维护情况。在日常工作中,我们不能有一次违规和失误。因为任何一次失误都是致命的,也会造成重大损失,因此,我们的考核结果就只有合格和不合格之说,不存在分数、等级多少。"

财务部王经理紧接着说:"对于我们财务部门,工作基本上都是按照规范和标准来完成的。平常填报表和记账等都要万无一失,这些如何体现出创新的标准? 还有一个问题,就是在本次考核中公司沿用了传统的民主评议的方式。我对部门内部人员进行评估没有意见,但是让其他人员打分是否恰当? 因为我们财务工作经常得罪人,让被得罪的人评估我们财务,这样公正吗?"

听完各个部门负责人的看法,张总想,难道公司绩效管理体系的设计本身就有问题吗? 问题到底出在哪里? 如何设计考核指标才能适应不同性质的岗位的要求? 公司是否同意人力资源部提出的购买软件的方案? 是否有一个最有效的办法解决目前的问题? ……

2.1 绩效计划

制订绩效计划是一个确定组织对员工的绩效期望并得到员工认可的过程。绩效计划必须清楚地说明期望员工达到的结果及为达到该结果所表现出来的行为和技能。通常,人力资源部对监督和协调绩效管理负有主要责任。但是各职能部门的经理也必须积极参与绩效管理,特别是要参与制订绩效计划。更重要的是,如果能让员工也参与其中,员工会更容易接受绩效计划并产生满意感。绩效计划的制订是一个自下而上的目标确定过程,这一过程将个人目标、部门或团队目标与组织目标结合起来。因此,制订计划也应该是一个员工全面参与管理、明确自己的职责和任务的过程,是绩效管理的一个至关重要的环节。因为只有员工知道了组织或部门对自己的期望是什么,他们才有可能通过自己的努力达到期望的结果。

小专栏 2-1

发现金融服务公司的绩效计划

发现金融服务公司(Discover)是摩根士丹利公司下属的一个运营单位,主要负责经营发现卡(Discover Card)系列品牌。该公司总部设在美国伊利诺伊州伍兹镇,拥有近1.4万名员工。该公司采取了一系列措施来确保绩效计划及员工发展能够符合组织的发展目标。发现公司的人力资源管理专家需要定期参与公司的业务会议,这样做的目的是了解什么样的知识、技能和能力可以满足一些特定业务部门的发展需要。发现公司同时还要求管理者参与统一的课程及网络学习,在学习的过程中,这些管理者要形成讨论小组来探讨他们都学到了什么,以及学到的这些东西如何帮助他们应对自己的独特工作任务的挑战。同时,在这个有关学习的战略中还包含其他几个步骤:首先,管理者要在制订绩效计划的阶段与员工开会讨论,就绩效计划制订的标准达成一致;其次是制订行动方案;最后还要制订一项评价和打分标准来评判这一学习是否取得了成功。总之,发现金融服务公司采取了一系列绩效管理措施来确保员工开发活动成为公司的一项焦点工作,并且让这些开发活动与营造支持高绩效的工作环境这样一个使命保持高度相关。

(资料来源:WHITNEGY K. Discover:It pays to develop leaders [J]. Chief Learning Officer,2005(08):48.)

1. 设定绩效计划的原则

在进行绩效管理之前,企业必须明确工作标准,并就这些工作标准与员工进行沟通。正如前面我们谈到的,这些标准应该以与岗位有关的需求为基础,而这些需求是通过工作分析得出的,它们反映了岗位的职责和特征。正确的工作标准会帮助企业将它的战略目标反映到对岗位的需求上,这种需求再传递给员工工作要求、完成时间等相关信息。

在制定工作标准时,需要遵循两个原则:这些标准是否与企业战略相关?这些标准中是否包含可度量或可定量的目标?

战略相关性指的是工作标准与组织战略目标的相关程度。例如,如果我们制定了一条工作标准——保证所销售的产品中25%～30%是在过去五年内研制生产的,那么,销售人员在进行销售的过程中就需要用这条原则来指导自己的工作。

可测量性指的是工作标准是可以被清晰测量的,我们可以将工作绩效与所列标准进行比较,从而确定工作完成得好坏。例如,我们不能将目标设定为"尽可能地扩大市场份额",因为这样的目标无法被测量,我们无法定义多少市场份额才是尽可能大的;我们只能给出具体的数字或比例,如"占有北京市2/3的市场份额"或"将现有市场份额扩大到1.5倍"等,这样才能给员工有效的行动指南。当工作标准是以专业的、可计量的语句来表述时,依照此标准对员工进行的绩效考核就是较为公正的。目标的可测量性不是要求工作标准中所有目标都必须是可量化的,但至少应该包括可量化的目标。

2. 绩效计划的内容

在绩效周期开始的时候,管理者和员工必须就员工的工作目标达成一致的契约。员工的绩效目标契约至少应该包括以下几个方面的内容:

(1) 员工在本次绩效周期内所要达到的工作目标是什么(量化和非量化的)?

(2) 如果一切顺利的话,员工应该何时完成这些职责?

(3) 达到目标的结果是怎样的?

(4) 如何判别员工是否取得了成功? 这些结果可以从哪些方面去衡量,评判的标准是什么?

(5) 工作目标和结果的重要性如何?

(6) 从何处获得关于员工工作结果的信息?

(7) 各项工作目标的权重如何?

(8) 员工在完成工作时可以拥有哪些权力? 可以得到哪些资源?

(9) 员工在达到目标的过程中可能遇到哪些困难和障碍?

(10) 经理人员会为员工提供哪些支持和帮助?

(11) 绩效周期内,管理者将如何与员工进行沟通?

(12) 员工工作的好坏对部门和公司有什么影响?

(13) 员工是否需要学习新技能以确保完成任务?

形成绩效计划的过程是一个双向沟通的过程。双向沟通意味着在这个过程中管理者和被管理者双方都负有责任。制订绩效计划不仅仅是管理者向被管理者提出工作要求,也不仅仅是被管理者自发地设定工作目标,而是需要双方进行互动与沟通。在这个过程中,管理者要向被管理者解释和说明以下内容:

(1) 组织整体的目标是什么?

(2) 为了达到这样的整体目标,我们所处的业务单元的目标是什么?

(3) 为了达到这样的目标,组织对被管理者的期望是什么?

（4）对被管理者的工作应该制定什么样的标准？应该如何制定完成工作的期限？

（5）被管理者在开展工作的过程中有何权限与资源？

同时，被管理者应该向管理者表达以下内容：

（1）自己对工作目标和如何达到目标的认识；

（2）工作中可能会遇到的困难与问题；

（3）需要组织给予的支持与帮助。

绩效计划中要充分体现的原则就是员工参与和正式承诺。社会心理学家有一个重要发现，就是当人们亲身参与了某项决策的形成过程时，他们一般会倾向于坚持立场，并且在外部力量作用下也不会轻易改变立场。而能否产生这种坚持主要取决于两种因素：一是他在形成这种立场时的卷入程度，即是否参与决策的形成过程；二是他是否为此进行了公开表态，即做出正式承诺。从这一点来看，让员工参与绩效计划的制定过程并就契约上的内容与管理者达成一致，形成正式承诺，对于整个绩效管理的顺利实施都有重要的意义。

之所以要对目标达成一致意见，是因为绩效计划主要是为了让组织中不同层次的人员对组织的目标达成一致的见解。简单地说，绩效计划可以帮助组织、业务单元和个人朝着一个共同的目标努力，所以管理者和员工是否能对绩效计划达成共识是问题的关键。如果所有的管理者与员工都能达成共识，全体员工的努力方向与组织整体的目标就会取得一致，这样全体员工才能一致努力共同达成组织的目标。

3. 设定绩效计划的步骤

1）准备阶段

绩效计划通常是管理者和员工进行双向沟通后所得到的结果，这种计划的设定需要经过一些必要的准备，对管理者和员工来说均是如此，否则就难以得到理想的结果。这些准备包括以下内容：

（1）组织战略目标和发展规划。绩效计划来源于组织战略。制订绩效计划就是为了提升员工和组织的整体绩效，最终实现组织的战略。如果绩效计划所设定的目标方向与组织战略背道而驰，则不仅无益于组织的发展,还会给组织带来严重的影响,甚至使其走向绝境。

（2）年度企业经营计划。组织的战略是针对长远发展的,可能会让员工感觉比较遥远,而遥远的目标总是难以让人觉得现实,不具有强烈的影响力,这时就需要结合企业的年度经营计划来制订绩效计划。因为年度经营计划是以一年为周期的,属于短期计划,这样的目标更加真实,更加接近实际,从而可以使绩效计划在确定员工的努力方向方面的作用更加突出。

（3）业务单元的工作计划。这个计划是直接从企业年度经营计划中分解出来的,它直接与业务单元的职能相联系,从而也和各单元员工的绩效标准结合得更加紧密。

（4）团队计划。团队计划这种形式使得小单元内的目标责任更加明确和具体,也更有利于个人绩效计划的设定。

（5）个人的职责描述。个人的职责描述规定了员工应该干什么,而绩效计划则指出了这些任务应该达到的标准,两者是紧密相连的。

（6）员工上一个绩效周期的绩效考核结果。如果员工在上一个绩效考核周期内,达到绩效计划表上所列的所有目标,这一期的绩效计划就需提出新的目标;如果没有完成或没有全部完成上一期的目标,就应该将它们转到当期的绩效计划里来,作为继续考核的标准。这也体现了绩效管理的连续性,它并不是走走样子,而是真正要实现目标。

除了需要好好准备上述信息以外,进行绩效计划沟通的方式也需要认真斟酌,主要看组织的文化氛围是什么样的、所面对的员工有什么样的特点及要达成的工作目标有何特点。如果目标设定关系到全体员工,不妨召开全公司的大会;如果只是一个团队的任务,就开一个团队会议。在传递目标、期望时,可以开门见山,直接与员工谈工作;也可以先请员工谈谈自己的看法和目标,再引出组织的期望。对于沟通的方法没有定论,只要适合就是最好的。

2）绩效计划沟通阶段

在这个阶段,管理者和员工要进行充分的交流和沟通,以便和员工就其在这个绩效周期内的工作目标和计划达成共识。在这个阶段需要注意以下几个问题:

（1）营造良好的沟通环境。环境的选定很重要。轻松愉悦的环境容易让双方从心理上得到放松，减轻抵触情绪和敌意。很多公司的管理者都喜欢选择在咖啡厅或一起进餐的时间与员工沟通，这是一个很不错的方法。注意不要选择嘈杂的场所。在办公室这样的环境中，谈话常会被电话或来访的人员所打断，沟通效果可想而知。

（2）把握沟通原则。在这种沟通中，管理者要将自己放在一个和员工同等的地位上来讨论问题，不能高高在上，将自己的意志强加于员工；应该将员工看成是他们所从事的职位上的专家，多听取他们的意见。当然，管理者有责任在沟通的过程中确保目标设定的方向和组织战略保持一致，同时也有责任调动员工的工作积极性，鼓励他们朝着共同的目标奋斗。

（3）保持沟通过程顺畅。首先需要回顾一下沟通前所准备的信息，然后在组织经营目标的基础上，设立每个员工的工作目标和关键业绩指标。所谓关键业绩指标，是指针对工作的关键产出确定的评估指标和标准。注意，这些标准必须是具体且可衡量的，并且应该有时间限制。在制订计划的阶段，管理者有必要向员工承诺提供解决问题和困难的支持与帮助。绩效计划制订完成后并不是就不需要改动了，而是必须依据环境的变化和组织战略的调整进行修改。

（4）沟通形式要多种多样。每月或每周同每名员工进行一次简短的情况通气会；定期召开小组会，让每位员工汇报任务和工作的完成情况；每位员工定期进行简短的书面报告；出现问题时，根据员工的要求进行专门的沟通。

2.2 绩效指标体系

1. 绩效指标体系设计的原则

绩效指标体系的设计需要考虑两个方面的问题：绩效指标的选择和各个指标的整合。因此，要建立一个良好的绩效指标体系，需要遵循以下五项原则：

1）定量指标为主、定性指标为辅的原则

由于定量化的绩效评价指标便于确定清晰的级别标度,提高评价的客观性,因此在实践中被广泛使用。财务指标之所以一直以来被国内外企业用作关键绩效指标之一,主要原因在于其易于量化。

不过,这个原则并不能适用于所有的职位。它只是提醒我们要注意尽可能地将能够量化的指标进行量化。同时,对于一些定性的评价指标,也可以借助相关的数学工具对其进行量化,从而使评价的结果更加精确。

2）少而精的原则

要通过一些关键绩效指标反映评价的目的,而不需要做到面面俱到。设计支持组织绩效目标实现的关键绩效指标,不但可以帮助企业把有限的资源集中在关键业务领域,同时可以有效缩短绩效信息的处理过程,乃至整个评价过程。

另外,少而精的评价指标易于被一般员工所理解和接受,也可以促使评价者迅速了解绩效评价系统,掌握相应的评价方法与技术。所以,在构建绩效评价指标体系的时候,要选取最有助于企业战略目标实现的指标,以引导企业和员工集中精力实现企业的绩效目标。

3）可测性的原则

评价指标本身的特征和该指标在评价过程中的现实可行性决定了评价指标的可测性。设置指标的级别标志和级别标度就是为了使绩效指标可以测量。同时,评价指标代表的对象也是不断变化的。在选择绩效指标时,要考虑获取相关绩效信息的难易程度,很难收集绩效信息的指标一般不应当成为绩效评价指标。

4）独立性与差异性的原则

独立性原则强调,评价指标之间的界限应该清楚明晰,避免发生含义上的重复。差异性原则指的是评价指标需要在内涵上有明显的差异,使人们能够分清它们之间的不同之处。要做到这一点,在确定绩效评价指标的名称时要讲究措辞,明确每一个指标的内容界限,必要时还需要通过具体明确的定义,避免指标之间的重复。

例如,"沟通协调能力"与"组织协调能力"中都有"协调"一词,但实际上这两种协调能力的含义是不同的,应用的人员类型也是不同的。"沟通协调能力"往往可以运用于评价普通员工;而对于拥有一定数量下属的中层管理者,则可以通过评价他们的"组织协调能力"来评价他们在部门协调与员工协调中的工作情况。如果在一个人身上同时评价这两种"协调能力",则容易引起混淆,降低评价的可靠性和准确性。

5)目标一致性的原则

这一点是选择绩效指标时应遵循的最重要的原则之一。它强调各个评价指标所支持的绩效目标应该具有一致性。针对企业的战略目标建立的评价指标体系,要保证各个层面的绩效指标是能够支持战略目标的子目标,从而保证企业战略目标的实现。

不仅如此,目标一致性还强调绩效指标的完整性。评价指标应该能够完整地反映评价对象系统运行总目标的各个方面,这样才能够保证总目标的顺利实现。

小专栏 2-2

Lenovo 绩效考核的指标——PQ

联想的绩效考核按年度进行。考核分为两部分,每部分各 100 分:一个是 P 值——部门绩效,一个是 Q 值——个人绩效。

部门绩效考核以引导并推动部门沿着公司战略轨道前进为出发点,采取结果导向,突出团队员工的最终成果,激励部门工作,体现部门价值。部门绩效考评指标大致分成三类:经营指标、业务指标、满意度指标。绩效考核指标的设计原则包括:结果导向,体现团队精神;打破"大锅饭",体现部门核心竞争力;可量化;考核指标应控制在 5 个以内(含 5 个);第三方考核。如联想维修部门的考核指标为:营业额、用户对服务的整体满意度、用户对硬件维修的满意度、单件维修成本、部门费用率。联想公司采用 5% 末位淘汰的方式进行员工的更新、调整。

个人绩效考核主要考核工作业绩和工作表现。考核依据是岗位职责和工作计划以及企业文化的要求。

工作业绩重点考核工作完成情况,不超过 6 项,占 75 分。工作表现占 25 分,分别为严格认真(5 分)、主动高效(5 分)、客户意识(5 分)、团结协作(5 分)、学习总结(5 分)。

(资料来源:Lenovo 绩效考核指标——PQ[EB/OL].(2013 - 04 - 27). http/wenku. baidu. com/view/75609ee518c75fbfc77db28. html? From = fearch.)

2. 设定绩效指标权重的方法

确定绩效考核指标权重的方法有很多,企业常用的方法主要有以下五种:

1) 主观经验法

主观经验法是一种主要依靠历史数据和专家直观判断确定权重的简单方法,这种方法需要企业有比较完整的考核记录和相应的评估结果。决策者个人根据自己对各项评价指标的重要程度的认识,或者从引导意图出发对各项评价指标的权重进行分配,也可以对此进行集体讨论。当我们对于某一测评对象非常熟悉而且有把握时,可以采用主观经验法来加权,但要注意以下几个原则:

(1)权重分配的合理性。即权重分配要反映测评对象的内部结构和规律,防止因权重分配不当而脱离实际或产生偏向。

(2)权重分配的变通性。即权重分配要符合客观实际的需要,可以根据测评目的与具体要求而适当变通。

(3)权重数值的模糊性。即对权重的分配不必十分精确,可以为方便测评而模糊一点,实际上有些测评指标根本无法做到精确,只能模糊一点。

(4)权重数值的归一性。即各个测评指标的权数和应为 1 或 100。

2) 等级序列法

等级序列法是一种简单易行的方法,通常需要一个评价小组对各种评价指标的相对重要性进行判断。

首先,让每个评价者将评价要素按照重要性从大到小进行排序。例如,要对营销人员的六项考评要素 A、B、C、D、E、F 进行权重分配,就要将这六项指标按照从最重要到最不重要进行排序。这样得到的排序是次序量表资料,可以用以下公式转换成等距量表资料来比较各种考评指标的顺序以及差异程度,即

$$P = (\sum FR - 0.5N)/nN$$

式中,P 为某评价指标的频率;R 为某评价指标的等级;F 为对某一评价指标给予某一等级的评价者的数目;N 为评价者数目;n 为评价指标数目。

求出各评价指标的 P 值后,根据正态分布表,将 P 值转换成 Z 值,从而区分不同考评要素之间重要性的具体差异。

最后,把各评价指标之间的 Z 值转换成比例,就可以得出每个指标的权重值。

3)对偶加权法

对偶加权法是将各考核要素进行比较,然后再将比较结果汇总比较,从而得出权重的加权方法。它是根据以下规定来分配权重的:设 A 与 B 是被比较的两个指标,若认为 A 比 B 重要得多,则将 A 记为 4 分,将 B 记为 0 分;若认为 A 较 B 略重要些,则将 A 记为 3 分而 B 记为 1 分;若认为 A 与 B 同等重要,则给 A 和 B 各记 2 分。下面举例具体说明全过程。

设有 A、B、C、D、E 五个指标,要确定它们各自的权重。

首先,确定各指标的比较顺序。如 A 分别与 B、C、D、E 比较,B 再与 A、C、D、E 比较……根据上述顺序按 0~4 分给各个指标分配权数,结果如表 2-1 所示。

表 2-1 对偶加权法示例

评价指标	指标 A	指标 B	指标 C	指标 D	指标 E
指标 A	×	1	0	0	0
指标 B	3	×	0	0	0
指标 C	4	4	×	2	1

（续表）

评价指标	指标 A	指标 B	指标 C	指标 D	指标 E
指标 D	4	4	2	×	1
指标 E	4	4	3	3	×
总分	15	13	5	5	2
权重	0.375	0.325	0.125	0.125	0.05

从表 2-1 可知，A 比 B 略重要些，故在 A 列 B 行交叉处给 A 记 3 分，而在 B 列 A 行交叉处给 B 记 1 分；当 A 与 C 相比时，认为 A 比 C 重要得多，故在 A 列 C 行交叉处给 A 记 4 分，在 C 列 A 行交叉处给 C 记 0 分，依此类推，得到表 2-1 中间部分的权数。然后将每列的得分数相加即得到倒数第二行 A、B、C、D、E 五个指标的总分分别为 15、13、5、5、2，总和即得 40 分，最后将每个指标总分除以总和 40，即得到最后一行 A、B、C、D、E 五个指标的权重分别为 0.375、0.325、0.125、0.125 和 0.05。

在运用对偶比较法的过程中，要注意指标项目不能太多。指标项目太多，配对的次数将按几何级数增大，如确定 10 个指标的权重需要配对分析 45 次，确定 100 个指标则需要配对分析 4 950 次。同时，为了提高可靠性，在实际工作中，常常不是由单个人确定权重，而必须找一组专家，让每个人独立地按规定比较评判，然后求出所有专家评判结果（权重）的平均值，并将其归一化，才能得到可靠的权重数。如表 2-2 将 4 位专家所填的判断表进行统计，将统计结果折算为权重。

表 2-2　权重统计结果表

评价指标	考评人员				评分总计	平均评分	权重
	一	二	三	四			
指标 A	12	14	13	15	54	13.5	0.34
指标 B	12	11	14	13	50	12.5	0.31
指标 C	3	7	6	5	21	5.25	0.13
指标 D	8	6	4	5	23	5.75	0.14

（续表）

评价指标	考评人员				评分总计	平均评分	权重
	一	二	三	四			
指标 E	5	2	3	2	12	3.00	0.08
合计	40	40	40	40	160	40.00	1.00

4）倍数加权法

首先要选择出最次要的考核要素，设其为 1。然后，将其他考核要素的重要性与该考核要素相比较，得出倍数关系，再进行处理。例如，表 2-3 为对销售人员考评要素的加权，假设 6 项要素中智力素质是最为次要的，将其他要素与智力素质相比，用数字表示重要性的倍数关系，6 项合计倍数为 14，故各项考评要素倍数加权法的权重分别是 1/14、2/14、1/14、3/14、5/14 和 2/14，最后换算成百分数即为各考评要素的权重。

表 2-3　倍数加权法示例

考核要素	与智力素质的倍数关系	考核要素	与智力素质的倍数关系
1.品德素质	1	4.营销技巧	3
2.工作经验	2	5.销售量	5
3.智力素质	1	6.信用	2

倍数加权法可以不选用最次要的考评要素，而选用最具代表性的考评要素作为基本倍数。倍数加权法的优点在于它可以有效地区分各考评要素的重要程度。

5）权值因子判断表法

权值因子判断表法的基本操作如下：

（1）组成专家评价小组，包括人力资源专家、评价专家和相关的其他人员。评价对象和目的的不同，专家评价小组的构成也不同。

（2）制定评价权值因子判断表。

将行因子和列因子进行比较。如果采取的是 4 分制，那么非常重要的指标为 4 分，比较重要的指标为 3 分，一般重要的指标为 2 分，不太重要的指标为 1 分，不重要的指标为 0 分（见表 2-4）。

表 2-4　权值因子判断表

指标	A	B	C	D	E	F	评分值
A	—	4	4	3	3	2	16
B	0	—	3	2	4	3	12
C	0	1	—	1	2	2	6
D	1	2	3		3	3	12
E	1	0	2	1	—	2	6
F	2	1	2	1	2		8

（3）由各专家分别填写评价权值因子判断表。

（4）对各位专家所填的判断表进行统计，将统计结果折算为权重，见表 2-5。

表 2-5　权值统计结果表

评价指标	1	2	3	4	5	6	7	8	评分总计	平均评分	权重	调整后权重
指标 A	15	14	16	14	16	16	15	16	122	15.25	0.254	0.25
指标 B	16	8	10	12	12	12	11	8	89	11.13	0.185	0.20
指标 C	8	6	5	5	6	7	9	8	54	6.75	0.113	0.10
指标 D	8	10	10	12	12	11	12	8	83	10.38	0.173	0.20
指标 E	5	6	7	7	6	5	5	8	49	6.13	0.102	0.10
指标 F	8	16	12	10	8	9	8	12	83	10.38	0.173	0.15
合计	60	60	60	60	60	60	60	60	480	60	1	1

3. 绩效指标的计分方法

指标计分方法指的是针对绩效考核指标，进行考核评价的方法。比如说，安排一个人扫地，考核要求如果是"卫生干净"，那就和空话一样。如果把标准变成了"地面无任何纸屑，为 3 分"或者"地面干净整洁、找不出任何垃圾，为 5 分"，就会有了对照标准。也就是通过一种方式，将"我说你不行"变成"标准说你不行"，用指标的标准化来减少矛盾。

指标的计分方法有多种，如比率法、加减分法、等级计分法、否决计分法等。

（1）比率法。比率法就是用指标的实际完成值除以计划值（或标准值），计算出百分比，然后乘以指标的权重分数，得到该指标的实际考核分数。

计算公式：A/B×100%×相应的权重分数（A为实际完成值，B为计划值或者标准值）。例如：人力资源部的招聘计划完成率为实际招聘人数/计划招聘人数，如果招聘计划完成率在本季度的绩效考核中占有20%的权重，即20分，那么人力资源部所得的分数为：招聘计划完成率×20。

比率法比较适合对定量指标进行评价，而不适合定性指标。比率法的优点为计算简单，容易理解。缺点为完全以结果完成程度来衡量，忽略其他因素；分数增减呈线性关系，不能体现超出业绩时的加倍奖励和业绩不足时的加倍扣分。

（2）加减分法。加减分法是针对标准分进行加分或者减分的方法。在执行指标过程中发现有异常情况时，就按照一定的标准扣分，如果没有异常则得到满分，如果比目标值完成得更好时，按照一定标准加分。

加减分法比较适合于考核那些定量化的指标，并且这些指标的完成情况可以用次数来衡量，比如客户投诉次数等指标。

加减分法非常灵活，可以针对不同的情况来设定是否加减分以及加减多少分。是否加分，一般取决于达到目标值的难易程度，如果达到目标值相对而言不太难，则可以不设计加分，而是加大对于异常情况的减分。可以对最高分进行限制，也可以对减分进行设计，比如最多扣多少分或扣完多少分为止。

它的优点在于容易衡量，缺点是较难很好地制定这个衡量的标准，比如什么情况下加分，什么情况下减分；该加多少，该减多少。

（3）等级计分法。等级计分法是将考核结果分为几个层次（区间），实际执行结果落在哪个层次（区间）内，该层次（区间）所对应的分数即为考核的分数，所以它也叫区间计分法。

等级计分法一般比较适合于评价定性化指标，通过对观察到的事实进行判断，对照考核的标准来确定其所在等级或者区间，以得出考核结果。但是这也并非绝对，也可以对定量指标进行分级评价。它的优点在于能够尽量降低实行定性指标可能会导致的误差。缺点在于比较难确定等级和相应标准。

（4）否决计分法。否决计分法是指完成目标得满分，没完成不得分，结果只有两个，不存在中间状态，也叫非此即彼法。例如，销售部某一项计划的完成情况，只有完成或者没完成之分，那么得分就只有两种情况，完成得满分，没完成得 0 分。

否决计分法一般针对强制性指标，适用于不需要量化的阶段性工作，例如是否在规定时间内完成某项工作，如是则得满分，反之不得分。此类指标所指的情况在考核周期内不一定会发生，但一旦发生则完全扣除该项得分甚至对所有绩效得分一票否决，例如是否发生重大事故。

4. 绩效指标体系设计应该注意的问题

有效的绩效考评指标是绩效考评取得成功的保证，因此设计绩效考评指标也成为建立绩效考评体系的中心环节。在绩效考评指标的设计中，企业应注意以下六个方面的问题：

（1）指标的设计原则应简单、明确和清晰。每项指标的具体目标和控制点等（如财务指标、利润率或者成本比例、能耗水平和物耗水平），都应当是准确和清楚的。

（2）指标应具有有效性。不能提倡"指标越多越客观"或者"定量指标比定性指标更客观"，应该提倡用最少的指标获得最大收益的原则，以简化绩效考核指标体系。

（3）应在量化指标和定性指标之间寻求基本的平衡。在绩效考评中，是定量指标好还是定性指标好，没有绝对的答案。

（4）绩效考评指标之间应保持相关性和一定的互补性。在设计绩效考评指标时，目的要明确，使指标可以相互对应或者相互补充。

（5）应重视绩效考评指标及其结构的"本土化"问题。即应该结合企业自身的实际状况设计合适的绩效指标体系。

（6）应对绩效过程进行有效的监控。国内企业大多没有完善的管理制度与体制，无法对绩效产生的过程进行有效监控，所以更多地关注绩效结果。国内企业应加强对绩效过程进行比较有效的监控，在关注绩效结果的同时，也可以关注绩效产生的过程。

◎ 本章小结

绩效管理作为一种闭环管理,由绩效计划制订、绩效计划实施与过程控制、绩效考核与评价、绩效反馈、绩效结果运用等五部分组成。制订绩效计划作为绩效管理流程的第一个环节,是绩效管理实施的关键和基础所在。绩效计划制订的科学合理与否,直接影响着绩效管理整体的实施效果。

绩效计划的制订应遵循战略相关性和可测量性两个原则。在制订绩效计划时,不仅管理者要向员工清楚表达组织对员工的期望,也要允许员工向管理者表达自己对这份任务的看法。只有进行了充分的双向沟通,计划的可行性和客观性才能得到保障。绩效计划通常包括以下内容:员工在本绩效周期内所要达到的工作目标、何时完工、如何对其进行评估、开展工作过程中员工有哪些权力和资源等。当这些内容都得到双方的一致认可时,工作的开展才是让人放心的。

从表现形式上看,绩效计划主要包括工作计划和绩效指标两种形式。但在企业管理实践中,绩效指标成为工作计划的主要表现形式和内容,可以说绩效计划制订的关键和重点就是绩效指标体系的构建。

从绩效评价的发展历程看,随着绩效评价思想和方法的发展,绩效指标的内容逐步从早期的单一的财务指标发展到今天的关注企业平衡发展的多维度指标体系。

 复习与思考

(1) 什么是绩效计划? 制订绩效计划的原则是什么?

(2) 在制订绩效计划的过程中,管理者和被管理者双方应就哪些方面进行思考?

(3) 什么是绩效指标? 什么是绩效标准? 两者之间的区别与联系是什么?

(4) 设计绩效指标的原则及依据分别是什么?

(5) 绩效指标之间的目标一致性表现在哪些方面?

（6）设定绩效指标权重的方法有哪些？

（7）绩效指标的计分方法有哪些？

○ 课后案例

华鹤集团绩效计划体系的设计

华鹤集团的总部坐落在有丹顶鹤故乡之称的中国东北部黑龙江省，主导产品为华鹤家具、华鹤木门。在公司总部和北京，建有两个 20 余万平方米的生产基地，拥有 3 个家具制造公司和 1 个与德国豪迈金田木业有限公司合资的成品木门制造公司，以及装饰工程公司、家居商场等，员工队伍超过 3 500 人。多年来，华鹤集团先后从德国、意大利、日本引进了具有当今世界先进水平的家具、木门生产制造设备及工艺技术，是目前中国家具、木门制造业的龙头企业，也是对欧美、亚太等地区出口的重要企业之一。

作为中国家具业的领头羊，集团如何设计科学合理的绩效计划体系，既能够管理和提升企业整体绩效，又能够实现集团内各部门、各子公司之间的有效协同，是摆在公司高层管理者面前的一道难题。为此，公司高层管理者自上而下设计了一套涵盖集团所有部门、子公司及个人的绩效计划体系。华鹤集团绩效计划体系的构建分为以下五个步骤：

第一，形成集团总部的绩效计划。华鹤集团的高层管理者在专家团队的指导下，明确了公司的使命、核心价值观、愿景和战略，并将这些要素转化为四个层面的目标、指标、行动方案、预算，为集团绩效计划体系的设计奠定了基础。华鹤集团总部的绩效计划体系如表 2-6 所示。

表 2-6　华鹤集团总部绩效计划体系（示例）

层面	目标	指标	目标值	行动方案
财务	F1：提升股东价值	F1-1：投资回报率	略	略
	F2：持续降低成本基数	F2-1：总成本基数	略	略
	F3：提高资产利用率	F3-1：总资产周转率	略	略
	F4：有效管控财务风险	F4-1：坏账比率	略	略
	……	……	……	……

（续表）

层面	目标	指标	目标值	行动方案
客户	C1：统筹子公司，形成协同的客户价值主张	C1－1：子公司客户价值主张清晰度	略	略
	C2：提升分支品牌价值	C2－1：分支品牌市场占有率	略	略
	……	……	……	……
内部业务流程	I1：实现对流程和技术的优化管理	I1－1：共享流程数量	略	略
		I1－2：共享技术数量	略	略
	I2：高度整合企业价值链	I2－1：协同销售收入	略	略
		I2－2：共同客户人数	略	略
	……	……	……	……
学习与成长	L1：提升与整合战略执行能力	L1－1：人力资本准备度	略	略
		L1－2：交叉提升高管人次	略	略
	L2：建立关键岗位储备计划	L2－1：已储备人员的岗位比例	略	略
	……	……	……	……

第二，形成集团总部支持单元的绩效计划。在实施平衡计分卡体系的过程中，华鹤集团将总部职能部门（如财务部、人力资源部等）的角色定位由传统的纯费用中心转变为战略伙伴，在充分理解公司战略并将其行动与公司战略紧密连接的基础上，使总部职能部门的工作变得更有成效。因此，在设计职能部门的绩效计划时，华鹤集团充分考虑了其与集团总部绩效计划之间的协同，将公司战略转化为各职能部门的具体政策，确保了职能部门的绩效计划能够支持总公司战略目标的实现。华鹤集团质量管理部的绩效计划如表2-7所示。

表2-7　华鹤集团质量管理部绩效计划（示例）

层面	目标	指标	目标值	行动方案
财务	F1：控制质量成本	F1－1：外部故障成本损失率	略	略
		F1－2：内部故障成本损失率	略	略

（续表）

层面	目标	指标	目标值	行动方案
财务	F2：扩大合理性建议收益	F2-1：合理性建议收益	略	略
	……	……	……	……
客户	C1：提供卓越的产品/服务	C1-1：完工产品合格率	略	略
		C1-2：客户满意度	略	略
	C2：提供专业化的质量指导	C2-1：子公司满意度	略	略
	……	……	……	……
内部业务流程	I1：完善质量管理体系	I1-1：内/外审整改完成率	略	略
	I2：加强生产现场管理	I2-1：5S检查整改完成率	略	略
	……	……	……	……
学习与成长	L1：提高质量管理能力	L1-1：培训考核达标率	略	略
	L2：塑造追求卓越的企业文化	L2-1：文化认同度	略	略
	……	……	……	……

第三，形成子公司的绩效计划。各子公司不仅要为满足客户需求而从事价值创造活动，而且要为达成集团整体的协同效应做出贡献。因此，华鹤集团根据子公司的不同特点及定位，在集团总部绩效计划的基础上开发各子公司的绩效计划，既体现了各子公司的独立性和针对性，也确保了总公司的战略优先工作逐层分解到子公司，形成在财务层面、客户层面、内部业务流程层面、学习与成长层面的全面协同。华鹤集团子公司金鹤门业的绩效计划如表2-8所示。

表2-8　金鹤门业的绩效计划（示例）

层面	目标	指标	目标值	行动方案
财务	F1：提升利润总额	F1-1：利润增长率	略	略
	F2：控制生产成本	F2-1：材料成本降低率	略	略
		F2-2：制造费用降低率	略	略
		F2-3：期间费用降低率	略	略
	……	……	……	……

（续表）

层面	目标	指标	目标值	行动方案
客户	C1：提供高品质产品	C1-1：无缺陷订单交付率	略	略
	C2：提供差异化的客户服务	C2-1：客户满意度	略	略
	……	……	……	……
内部业务流程	I1：实现对流程和技术的优化管理	I1-1：优化的流程数量	略	略
		I1-2：技术标准化目标达成率	略	略
	I2：强化产品质量管控	I2-1：完工产品合格率	略	略
		I2-2：内部故障成本损失率	略	略
	……	……	……	……
学习与成长	L1：提升与整合战略执行能力	L1-1：人力资本准备度	略	略
		L1-2：交叉提升高管人次	略	略
	L2：建立关键岗位储备计划	L2-1：已储备人员的岗位比例	略	略
	……	……	……	……

第四，形成子公司职能部门的绩效计划。子公司职能部门除了要为子公司提供支持外，也需要向总部中对应的职能部门负责。因此，华鹤集团在为各子公司的职能部门设计绩效计划时，充分考虑了如何从自身职能定位出发为其所在子公司的战略服务，也综合了集团总部对应的职能部门的相关要求。金鹤门业技术研发部的绩效计划如表2-9所示。

表2-9　金鹤门业技术研发部绩效计划（示例）

层面	目标	指标	目标值	行动方案
财务	F1：控制产品研发成本	F1-1：产品研发周期成本	略	略
	F2：降低产品成本	F2-1：技改收益	略	略
	……	……	……	……
客户	C1：确保新产品市场领先	C1-1：新产品上市提前期（与竞争对手相比）	略	略
		C1-2：新产品铺样率	略	略

（续表）

层面	目标	指标	目标值	行动方案
客户	C2：提供良好的技术指导与服务	C2-1：相关部门满意度	略	略
	……	……	……	……
内部业务流程	I1：整合资源开发新产品	I1-1：开发的新产品数量	略	略
		I1-1：新增专利个数	略	略
	I2：实现对流程和技术的优化管理	I2-1：技术标准化目标达成率	略	略
		I2-2：研发流程是否优化	略	略
	……	……	……	……
学习与成长	L1：提高和整合战略执行能力	L1-1：员工胜任度	略	略
		L1-2：组织培训的次数	略	略
	L2：建设先进适用的信息系统	L2-1：综合评价指数	略	略
	……	……	……	……

第五，形成个人绩效计划。为了切实有效地执行战略，华鹤集团在制订完上述组织与部门的绩效计划之后，依据个人职责和分工，继续将绩效计划体系向下延伸到个人层面，真正做到将战略转化为全体员工的行动。

华鹤集团通过分解、承接等方式将集团的战略落实到集团内各部门、子公司乃至每个员工，形成了一套完整的绩效计划体系，使集团上下统一思想、明确目标、促进协同，为集团战略目标的实现打下了坚实的基础。

（资料来源：方振邦，唐健.战略性绩效管理［M］.北京：中国人民出版社，2018.）

 思考题

（1）运用相关理论，对华鹤集团绩效计划体系的构建过程进行评价。

（2）你认为华鹤集团在实施绩效计划体系时需要注意哪些问题？

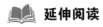 **延伸阅读**

有效的绩效沟通

亿耐特是一家网上电子商务公司,罗涛是网上购物部订单处理中心的负责人,孙伟刚是网上购物部的经理。网上购物部的主要业务是通过互联网进行日用消费品的销售,主要包括电器、书籍、电脑设备、日用品、化妆品、服装、玩具、箱包、文具等。订单处理中心的主要职责是直接从网上受理消费者的订货信息,并将信息发送给相应的商品部,由商品部为消费者发货,同时还需要对订货信息进行分类、存档。订单处理中心现在有 5 个人。孙伟刚上周刚参加了制订今年的经营计划的会议,接下来就要把网上购物部经营计划分解到每个人身上。本周他将要同每个下属人员面对面地进行一次交流,制订本年度的绩效计划。

(回顾有关的信息)

孙伟刚(以下简称孙):罗涛,你好。我想你也看过了我们公司今年的经营计划,我知道上一年度你们订单处理中心非常辛苦,为公司做出了很大的贡献。下面,我们需要考虑一下如何进一步发展的问题,现在电子商务竞争也非常激烈。我想你们这里是直接接触客户的窗口,在如何进一步满足客户的需求方面一定有不少想法。对公司今年的发展你有什么建议?

罗涛(以下简称罗):我想我们可能需要进一步提高订单处理的效率,因为网上购物的方式给消费者带来的便利应该体现在时间方面,不能让客户觉得从网上买一件东西还不如自己到商店里去买更方便,如果是这样,那我们就没有市场了。

孙:是的。我非常同意你的意见,所以下面我们就讨论一下如何提高效率。上一年度,网上订单的数量平均每天为 800 份,今年我们打算增加商品的品种,预计订单数量会达到 2 000 份/天。过去我们的用户在提交订单之后大约 5~7 天才可以得到商品,今年我们打算将这个时间减少到 3 天。因为交货的速度是我们与对手竞争的一个关键。

（确定关键绩效指标）

孙： 既然我们的总体目标是把客户的等待时间减少到3天，那么提高你们部门处理订单的效率是第一步，也是非常关键的一步。你是怎么考虑的？

罗： 我觉得我们可以将总的时间做一下分解，看看哪几部分的时间无法压缩，然后再考虑将可以压缩的时间进行压缩。我觉得如果新的订单处理系统投入运行，处理订单的单位时间可以减少到原来的1/3。

孙： 其实我们在做出减少到3天的决定之前就已经进行了测算，认为减少到3天是可能的。那么在你这里能不能确定一下，从你们接到客户订单到将确认后的订单发送到商品部的时间应该不超过多长时间？你看确定多长时间可行？

罗： 我觉得3个小时比较合理。

孙： 关于向商品部提供信息方面，我也了解了商品部的一些要求，现在就跟你商量一下这些要求从你们的角度看是可以满足的吗？

罗： 我觉得如果新的订单处理系统投入使用，应该是可以满足的。

孙： 看来有必要与技术部进行一次沟通，抓紧完成新的订单处理系统。我想因为系统还需要调试，你们能不能和技术部、商品部一起开个会，确定一个行动的进程。

罗： 好啊。那么谁来召集这个会议呢？

孙： 这也正是我想要与你沟通的，我希望你们这几个部门以后能够就存在的问题自己开会解决，必要的时候让我听一听你们开会。不过，既然现在还没有这样做，那么这一次我先来召集吧。在这次会议之后，我希望你自己将工作目标的衡量标准制定出来，然后与我讨论一次，你看如何？

罗： 好。

（讨论主管人员提供的帮助）

孙： 你觉得完成这样的目标有什么困难吗？

罗： 主要是几名订单处理人员对新的操作系统还不够熟悉，需要接受培训，最好能尽快安排一次培训。

孙： 好，我会让技术部来安排。

（结束沟通。在将要结束绩效计划沟通会谈时，双方还要约定下一次沟通的时间。）

罗：我会尽力完成工作目标。

孙：我想一个月之后，我们来讨论一下进展情况，并根据实际情况做进一步调整。

（资料来源：有效的绩效沟通［EB/OL］.（2011－10－31）. https://wenku. baidu. com/view/a5fa0b16a2161479171128cd. html. ）

3

绩效监控

◉ 学习目标

（1）掌握绩效监控的方法；

（2）掌握绩效监控的主要内容；

（3）了解绩效沟通的原则；

（4）掌握绩效信息收集的内容和方法；

（5）掌握绩效辅导的方法。

◉ 引例

杰克·韦尔奇的绩效辅导

杰克·韦尔奇在担任通用电气公司首席执行官期间，极其重视通过绩效辅导开发员工。通用电气公司会为具有较高发展潜力的管理人员举办一个为期3周的培训班，韦尔奇亲自到培训班为管理人员讲课。在他的整个职业生涯中，他先后为这种培训班讲课750多次，听他讲过课的高层管理人员达5000多人。在课堂上，他总是时刻准备回答一些尖锐的问题，和员工进行非常公开和坦诚的沟通。在授课结束时，他还会邀请所有受训人员在整个课程全部结束后找时间去跟他谈话。除了到这个培训班讲课以外，他还会在每年1月召开一次有500名高层管理人员参加的会议。

韦尔奇还会召开正式的绩效审议会议，并且在这种会议上制定开发目标、激励员工、记录绩效、提供反馈以及诊断绩效问题等。韦尔奇会制定绩效目标,然后在整个年度中对目标实现情况进行监控。通用电气公司的12 个行业负责人每年都会收到一份两页纸的手写绩效评价结果。韦尔奇还会附上上一年给这些人的绩效评语,同时在当年绩效评价结果的页边空白处注明这位管理人员在朝着目标前进的道路上取得了怎样的进步,或者为了达到目标还需要在哪些方面继续改进。接下来,他会根据绩效评价结果分配奖金,同时再次重申来年要达到的目标。

另一个关于韦尔奇的绩效辅导的例子是,韦尔奇在听说客户抱怨某个特定的产品之后,会要求生产该产品的事业部的经理将该产品的生产质量提高到原来的 4 倍。在接下来的 4 年里,这位经理必须每周向韦尔奇提交一份详尽的报告,而韦尔奇则会在三四周后将报告返给这位经理,他会在报告上写一些评语,要么是祝贺该事业部取得的成果,要么是指出他们还需要改进的一些地方。这位经理后来说,正是首席执行官愿意每周花时间去读他的报告,并提供相应的反馈,才激励他最终实现了韦尔奇为他制定的这个极其难以实现的目标。

(资料来源:赫尔曼·阿吉斯.绩效管理(第 3 版)[M].北京:中国人民大学出版社,2013.)

3.1 绩效监控的概述

1. 绩效监控的内涵

绩效监控是连接绩效计划和绩效评价的中间环节,也是耗时最长的一个环节。在绩效管理系统中,管理者需要根据绩效计划,与下属进行定期或者不定期沟通,对绩效计划的执行情况进行监控,针对存在的问题与计划执行者进行充分交流,并提供必要的绩效辅导,为绩效目标的顺利达成提供有力保障,这个过程就是绩效监控。

曾经有学者将管理定义为"管过程",与之相应的,绩效管理就是要对绩效过程进行控制。绩效管理的过程与结果一样,都是不容忽视的。美国学者费迪南德·佛尼斯(Ferdinand Fournies)在来自世界各地的 2 万位经理人中展开调查,请经理们列出员工无法按要求完成分配任务的原因,排在前八位的是：①员工不知道该做什么；②员工不知道怎么做；③员工不知道为什么必须这样做；④员工以为自己正在做（缺乏反馈）；⑤员工有他们无法控制的障碍；⑥员工认为管理者的方法不会成功；⑦员工认为自己的方法更好；⑧员工认为有更重要的事情要做。其中，前两个原因在所有回答中占据的比例高达99%。

绩效管理的问题更多的出在前期的任务分配和中期的任务指导上，而不是后期的评估上。虽然大部分经理自认为已经为员工布置了任务，进行了基本的任务指导，但效果并不理想——员工仍然缺少明确的努力方向和反馈。

绩效管理实质是对影响组织绩效的员工行为的管理，其管理的重心不是绩效考核的评价结果，而是在绩效考核过程中通过持续的沟通使得员工接受工作目标、正确执行绩效计划、认识绩效问题以及不断地提高和改进；保证整个组织采用一种积极的手段，如对绩效信息进行有效的收集和整理来确保绩效管理系统的正常运作。应该明确，绩效考核的过程控制是每个管理者和每个员工的责任，只有大家都参与其中才能保证绩效考核的顺利完成。

2. 绩效监控的过程

过去在研究"投入—产出"问题时，更多的是关注输入与输出这两个端点的问题。然而，现在越来越多的学者和实践者已经认识到，在输入与输出之间存在一个过程，这个过程对输出结果的影响相当大。在明确绩效计划之后，只有持续不断地进行绩效监控，才能得到一个好的结果。那种认为下属在了解绩效计划之后就能够正确地执行计划，等到绩效周期结束后再进行绩效评价的想法，是十分错误的。就像在播种之后还需要进行一系列像杀虫、除草这样的辛勤的田间劳动，才能有一个好的收成一样。

在战略性绩效管理系统中，一般通过保证绩效计划、绩效监控和绩效评价在内容上的一致性来确保管理措施的有效性。首先，绩效监控与绩效计划是一脉相承的，绩效监控是对绩效计划实施情况的全面监控。因此，绩效监控的类型与绩效计划的类型是一致的，即绩效计划可以分为多少种类型，绩效监控就应该相应地分为多少种类型；绩效计划的内容和重点不一样,绩效监控也随之表现出不同的特点。其次,绩效监控也需要面向绩效评价,绩效评价的内容就是绩效监控的重点。评价指标是绩效监控的晴雨表和指挥棒,绩效监控的直接目的就是帮助下属在各项指标上达成或超越目标值,促进其全面实现绩效目标。

绩效监控是一个持续的沟通过程,起始于绩效协议的签字确认,终止于绩效评价。绩效协议签订之后,管理者就需要与下属进行全程的绩效沟通,对绩效计划执行情况进行监控,针对存在的问题提供必要的辅导,并对监控和辅导过程中收集的绩效信息进行汇总,为绩效评价提供准确有效的绩效信息,如图 3-1 所示。

图 3-1　绩效监控的过程

在绩效监控过程中,管理者可以通过抓住以下关键问题来提升监控的效率和改善监控的效果。第一,针对是否有利于组织战略目标的实现和绩效目标的达成,进行持续的双向沟通,保障绩效计划实施过程中能及时发现问题,并提出解决方案。第二,针对绩效监控中发现的问题,进行及时的绩效辅导,为下属实现绩效提升提供支持,并修正工作任务实际完成情况与目标之间的偏差。第三,正确理解绩效沟通和绩效辅导的关系。绩效辅导与绩效沟通的目的都是帮助下属达成绩效目标。但是,绩效沟通贯穿于整个过程,绩效辅导仅仅出现在绩效计划的执行过程出现问题时;绩效沟通是管理者和下属之间对于绩效信息的双向传递,绩效辅导则是指管理者通过沟通的形式帮助下属达成绩效目标的行为。第四,进行绩效信息的收集,特别是记录下属工作过程中的关键事件或绩效数据,为绩效评价提供信息。

3. 绩效监控的方法

选择合适的绩效监控方法,对绩效进行全面监控,确保组织战略目标的顺利实现已经成为管理者的共识。管理者需要了解每种绩效监控方法的优缺点,并能针对具体情况选择一种或多种监控方法,从而确保各层次的绩效目标和组织战略目标的顺利达成。目前,最常用的绩效监控的方法有书面报告、绩效会议和走动式管理三种。

1)书面报告

书面报告是绩效监控最常用的一种方法,主要指下级以文字或图表的形式向上级报告工作进展情况。书面报告可以分为两种类型:一类是定期的书面报告,比如工作日志、周报、月报、季报、年报等,如表 3-1、表 3-2 所示;另一类是不定期的书面报告,主要是在绩效管理实践中,为对绩效影响重大的工作所做的各种专项报告,管理者可以根据工作进展情况做具体的安排。

表 3-1   某公司绩效监控表(示例)

岗位名称				部门名称			
受约人				发约人			
监控周期		年	月	日 至	年	月	日
编号	关键绩效指标名称		目标值	实际值	关键事件描述		原因分析
1							
2							
3							

认定部门(签章)
年   月   日

表 3-2   北京市延庆县环保局副局长个人绩效季度监控表(示例)

所属单位	环保局	职位	副局长	姓名		
层面	目标	指标完成情况				
		指标	年目标值	累计完成值	存在问题	对策
利益相关者	提高服务质量	环保工作群众满意度	90%			

（续表）

层面	目标	指标完成情况				
		指标	年目标值	累计完成值	存在问题	对策
实现路径	严格建设项目审批	依法审核率	100%			
		"三同时"执行率	100%			
	健全风险管理制度	建设项目环境风险评估率	100%			
	提供环境咨询服务	新建项目跟踪服务率	100%			
		咨询服务满意率	≥90%			
保障措施	坚持依法行政	行政诉讼败诉次数	0 次			
	加强信息化建设	各类基础数据库健全度	达标			
	加强行政问责	行政问责次数	0 次/年			
	促进协调一致	部门协作满意度	%			
	争创先进单位	获市级以上荣誉数量	个			
其他工作	1.					
	2.					
	汇报人签名	汇报日期		年	月	日

书面报告能提供大量、全面的绩效信息，也可以方便管理者在无法与下属面对面沟通的时候进行及时的监控。在具体使用该方法的时候，需要注意以下三点：首先，汇报内容需要做到重点突出；其次，尽量通过绩效信息平台做到绩效信息的共享；最后，与其他方法结合使用，确保信息的双向沟通并避免汇报内容的形式化。

小专栏 3-1

月报为什么交不上来

林森是一家公司的部门经理，在他手下有 12 名员工，公司实施绩效监控的方法是要求员工每月月末向主管经理上交一份月报，主管经理再就这份月报的内容与员工进行 10 分钟左右的沟通。

在开始的一段时间,员工们都能准时将月报交上来。但逐渐地,公司的业务进入了高峰期,每个人的工作都异常繁忙。这时,林森感到收集每月的月报十分困难,上个月就有 5 名员工没有按时上交月报,交过来的还是经过催促才上交的,到了这个月上交月报的日子才只有 3 个人交了上来。

于是林森想到,员工不愿上交月报一定是有自己的原因,或许是月报这种沟通的形式本身存在问题。一次,林森决定与员工交流一下这个问题。在与员工的面谈中,当林森问员工们为什么不交月报时,员工们的意见是,"我们忙得根本没有时间做。""有些事情当面与您说就很清楚了,没有必要写成报告交给您了吧。""我们每个月做月报至少要花费两个小时,而把这些情况与您讲一下只要 15 分钟就够了。"

(资料来源:月报为什么交不上来?[EB/OL]. http:/3y. uu456. com/bp_399158ozfe7f2vclug3f_14. html.)

2)绩效会议

绩效会议是指管理者和下属就重要的绩效问题通过召开会议的形式进行正式沟通的绩效监控方法。为了使绩效会议能达到预期目的,管理者需要注意绩效会议的目的、过程以及基本技术等关键点。

召开绩效会议的目的主要包括以下几个方面:对绩效实施情况进行例行检查;对工作中暴露的问题和障碍进行分析和讨论,并提出必要的措施;对重大的变化进行协调或通报;临时布置新任务。

虽然绩效会议的形式不同,但是一般都包含如下几个基本步骤:会议准备、确定议程、进行会议沟通、达成共识、制定行动方案等。通常需要做好会议记录,并将会议记录及时反馈给所有与会者。

为了达到有效监控的目的,管理者在召开绩效会议时需要注意以下几点:营造平等和谐的氛围;给予下属充分的表达机会,充分挖掘下属的积极性;会议目的具体、明确,不开无谓和冗长的会议等。

3)走动式管理

有效的绩效监控需要建立在充分了解绩效计划执行情况的基础上,但是远离一线的管理者,特别是高层管理者,仅仅通过下属的汇报,往往不能准确掌握绩效计划执行情况,还需要进行实地调研,与绩效计划执行者进行面对面的沟通,走动式管理是管理者进行绩效监控的有效方式之一。

走动式管理(Management by Wandering Around 或 Management by Walking Around,MBWA)是美国管理学者彼得斯(Thomes J. Petsy)与沃特曼(Raen H. Waterman)在《追求卓越》一书中提出的,其是指高层管理者为了实现卓越绩效,经常抽空前往各个办公室走动,以获得更丰富、更直接的员工关于工作问题的反馈,并及时了解员工工作困境的一种策略。走动式管理不是说管理者到各部门随便走走,而是通过非正式的沟通和实地观察,尽量收集第一手绩效信息,发现问题或潜在危机,并配合情境做出最佳判断。同时,走动式管理也是对下属汇报的绩效信息进行再核查的过程,带着问题到工作实践中去分析原因和消除障碍。

在使用走动式管理进行绩效监控的时候,管理者需要注意以下几点:第一,需要走进基层和一线,接触工作实际,通过现场的观察和沟通来了解下属的工作进度、实际困难和潜在能力,并获得他们的信任与尊重;管理者需要通过对下属工作的全面观察和沟通,敏锐地捕捉重要的绩效信息。第二,不一定每次走动都能获得重要的信息,但是管理者经常走动,对防范重大绩效事故有很大的帮助,避免等到事故发生之后再焦头烂额地处理。第三,走动式管理不仅是一种有效的绩效监控方法,还是一种情感管理、现场管理方法。在使用走动式管理的时候,管理者需要思考如何实现管理方法和领导艺术的有效融合,有效提升组织绩效,从而使组织获得持续的竞争优势。

小专栏 3-2

惠普的敞开式办公

美国惠普公司创造了一种独特的"周游式管理办法",鼓励部门负责人深入基层,直接接触广大员工。为此,惠普公司办公室采用美国少见的"敞开式大房间"布局,即全体人员都在一间敞厅中办公,各部门之间只有矮屏分隔,除少量会议室、会客厅之外,无论哪级领导都不设独立的办公室,同时不称头衔,即使对董事长也直呼其名。这样有利于创造无拘束和合作的气氛,使上下级职员之间能够更好地进行沟通,敞开办公室的大门,制造平等的气氛,同时也敞开了彼此合作与心灵沟通的大门。

(资料来源:李文静,王晓莉.绩效管理(第3版)[M].大连:东北财经大学出版社,2015.)

3.2 如何对绩效的过程进行有效监控

1. 绩效沟通

在整个绩效管理过程中,管理者和下属之间都需要进行有效的绩效沟通。绩效沟通的效果在一定程度上决定着绩效管理的成败。绩效监控也是绩效沟通最集中的阶段。

1)绩效沟通的内涵

绩效沟通(Performance Communication)是管理者和下属为了实现绩效目标而开展的建设性、平等、双向和持续的信息分享和思想交流。绩效沟通中的信息包括工作进展情况、下属工作中的潜在障碍和问题及各种可能的解决措施等。对绩效监控过程中的绩效沟通概念的理解,需要特别注意以下几个方面:

(1)绩效沟通是一种建设性的沟通。绩效沟通是以解决问题为目的的沟通,是在不损害人际关系的前提下进行的。建设性沟通技巧是每一名管理者都需要掌握的重要的沟通技巧。许多管理者仅仅关心下属能否通过沟通理解自己的意图,并不真正关心下属的感受。在这种情况下,沟通往往是非建设性的,并不能取得应有的成效。研究表明,下属与管理者之间的良好关系会产生较高的工作绩效。管理者与下属之间的不良关系不仅成为双方沟通的一大障碍,而且往往就是不良的沟通方式带来的恶果。因此,为了实现组织的战略目标,管理者应该坚持绩效沟通的建设性。

(2)绩效沟通是一种平等的沟通。沟通最本质的目的就是思想的传递,为了让对方真正了解自己的想法,信息发出者应该通过了解听者的需要和可能的反应,决定自己要使用的沟通手段和方式。顺利传递思想的基础就是沟通主体在心理上的平等地位,"己所不欲,勿施于人"。双方坚持换位思考,从对方的立场出发思考问题,就能够找到最佳的沟通方式。管理者无法通过沟通影响他人的重要原因之一就是,他们误解了沟通的本质。只有在心理上坚持平等,才有利于形成沟通的环路。管理者高高在上,信息传递通常就不顺畅,即使有信息传递,信息本身的准确性和及时性也会受到影响。

(3)绩效沟通是一种有效的沟通。绩效沟通是一个封闭的环路,管理者必须准确地知道计划执行情况,下属要及时将绩效计划执行情况向上级反映,并确保传递的信息能被双方充分理解。沟通更重要的意义在于传递想法而非传递信息本身,让发出的信息(语言或行为)被接受者充分理解才是真正有效的沟通。

(4)绩效沟通是一种持续的沟通。绩效沟通贯穿于绩效管理的各个环节,在绩效监控中持续的时间最长,但是最容易受到忽视。在绩效计划执行过程中,管理者和下属需要持续地就相关工作进展情况、潜在障碍和问题、解决问题的措施以及管理者帮助下属的方式等信息进行沟通,特别是要在障碍发生前就识别和指出相应问题,并通过沟通找到解决方案。绩效沟通的中断会导致管理者与下属之间产生各种各样的摩擦,使绩效管理成为下属与管理者不断争执和冲突的重要原因。因此,充分了解绩效沟通,掌握绩效沟通的技巧,成为每位管理者必须掌握的管理技能之一。

2)绩效沟通的内容

对于管理者和下属来说,绩效沟通的主要目的通常都是提高下属的工作绩效,但是双方通过绩效沟通所要了解的信息内容却是不同的。对于管理者而言,他们需要得到有关下属工作情况的各种信息,以帮助他们更好地协调下属的工作。当下属的工作出现问题的时候,管理者应该及时掌握情况,以避免不必要的麻烦和浪费。另外,他们还需要了解工作的进展情况,以便在必要的时候向上级汇报。如果不能掌握最新的情况,管理者可能会面临许多不必要的麻烦。在一些情况下,管理者还应该有意识地收集一些绩效评价和绩效反馈所需的信息。这些信息将帮助管理者更好地履行他们在绩效评价中担负的职责。

对下属而言,他们也需要信息。通过与管理者之间的绩效沟通,下属可以了解到自己的表现获得了什么样的评价,以便保持工作积极性,并且更好地改进工作。另外,下属还需要通过这种沟通了解管理者是否知道自己在工作中遇到的各种问题,并从中获得有关如何解决问题的信息。当工作发生变化时,下属能够通过持续的绩效沟通了解自己下一步应该做什么,或者应该主要做什么。总之,这些信息应该能够帮助下属更好地完成自己的工作,应对工作中遇到的各种变化和问题。

因此,我们可以简单地认为,绩效沟通的目的就是保证在任何时候,每个人都能获得改善工作绩效所需要的各类信息。为了进行有效的绩效沟通,管理者首先要确定双方之间应沟通的具体内容。我们可以通过以下两个问题来确定沟通的具体内容:

(1)作为管理者,为了更好地履行职责,我必须从下属那里获得什么信息?

(2)作为下属,为了更好地完成工作职责,我需要哪些信息?

通过对这两个问题的回答,管理者能够更好地明确绩效沟通的内容,这是非常实用的确定绩效沟通内容的思路。通过绩效沟通,管理者和下属还应该能够回答以下不同问题:

(1)工作进展情况如何?

(2)绩效目标和计划是否需要修正? 如果需要,如何进行修正?

(3)工作中有哪些方面进展顺利? 为什么?

(4)工作中出现了哪些问题? 为什么?

(5)下属遇到了哪些困难? 管理者应如何帮助他们克服困难?

上面的问题只是给我们提供了一个思路。在具体情况面前,我们还要充分考虑到工作中面临的种种变化。

3)绩效沟通的原则

实现高效的绩效沟通并不是一件简单的事情,管理者和下属都需要为绩效沟通做充分的准备,既要掌握基本的沟通技巧,又要遵循基本的沟通原则。以下三项基本的绩效沟通原则对规范沟通行为、提高沟通效果具有重要作用。

（1）对事不对人原则。人们在沟通中存在两种导向：问题导向和人身导向。所谓问题导向，指的是沟通关注问题本身，注重寻找解决问题的方法；而人身导向的沟通则更多地关注出现问题的人，而不是问题本身。绩效沟通的对事不对人的原则要求沟通双方针对问题本身提出看法，充分维护他人的自尊，不要轻易对人下结论，从解决问题的目的出发进行沟通。

人身导向的沟通往往会带来很多负面的影响。但是，人们在遇到问题时往往会非常直接地将问题归咎于人，甚至常常进行一定程度的人身攻击。因此，人身导向的沟通往往只是发牢骚，而不能为解决问题提出任何积极可行的措施。另外，如果将问题归咎于人，往往会引起对方的反感和防卫心理。在这种情况下，沟通不但不能解决问题还会对双方的关系产生破坏性影响。人身导向的沟通不适用于批评，同样也不适用于表扬。即使你告诉对方"你好优秀啊"，如果没有与任何具体的行为或结果相联系，也可能会被认为是虚伪的讽刺而引起对方的极度反感，这一点往往被人们忽视。

（2）责任导向原则。所谓责任导向，就是在绩效沟通中引导对方承担责任的沟通模式。与责任导向相关的沟通方式有两种：自我显性的沟通与自我隐性的沟通。典型的自我显性的沟通使用第一人称的表达方式；而自我隐性的沟通采用第三人称或第一人称复数，如"有人说""我们都认为"等。自我隐性的沟通通过将第三者或群体作为主体，避免对信息承担责任，从而逃避就其自身的情况进行真正的交流。如果不能引导对方的沟通方式从自我隐性转向自我显性，就不能实现责任导向的沟通，不利于实际问题的解决。

另外，自我显性的沟通方式遵循责任导向的原则，能够更好地与对方建立联系，表达合作与协助的意愿。"我想这件事可以这样……""在我看来，你的问题在于……"等说法都能够给人这样的感受。与此相对应的是，人们往往通过自我隐性的沟通方式逃避责任。这往往给人一种不合作、不友好的感受。在建设性沟通中，人们应该使用责任导向的自我显性的表达方式，与沟通对象建立良好的关系。

因此,当下属使用自我隐性的沟通方式时,管理者应该在给下属说话的权利的同时,要求对方举例,引导下属采用自我显性的沟通方式,使员工从旁观者立场转变为主人翁立场,自然而然地为自己的行为承担责任。

(3) 事实导向原则。在前面对事不对人的原则中我们谈到,建设性沟通应该避免轻易对人下结论的做法。事实导向原则能够帮助我们更好地克服这种倾向。事实导向原则在沟通中表现为以描述事实为主要内容的沟通方式,在这种方式下,人们通过对事实的描述,避免对人身的直接攻击,从而避免对双方的关系产生破坏性作用。管理者在向下属指出其缺点和错误的时候,更应该恪守这一原则。在这种情况下,管理者可以遵循以下三个步骤进行描述性沟通:首先,管理者应描述需要修正的情况。这种描述应基于事实或某个特定的、公认的标准。例如,可以说"你在这个季度的销售额排名中处于部门最后一名""这个月你受到了3次有关服务质量的投诉"等。这种描述能够在很大程度上避免下属的抗拒心理。但是,仅仅描述事实是不够的。在描述事实之后,还应该对这种行为可能产生的后果作一定的描述。例如,可以说"你的工作业绩出乎我的意料,这将对我们整个部门的销售业绩产生不良的影响""顾客表示无法接受这样的服务水平,他们宁可放弃我们的产品"等。在这里,管理者应该注意不要用严厉的责备的口吻,否则下属会将精力集中于如何抵御攻击,而不是如何解决问题。最后,管理者可以提出具体的解决方式或引导下属主动寻找可行的解决方案。当然在现实中,并不是在所有情况下都应该遵循这三个步骤。上面的例子是针对下属工作中的问题而言的。总之,在可能的情况下依据事实而不是主观的判断,最大限度地避免对方的不信任感和抵御心理。事实导向原则能够帮助我们更加顺利地进行建设性沟通。

2. 绩效辅导

不会指导下属的管理者不是有效的管理者,不愿指导下属的管理者不是合格的管理者。优秀的管理者需要针对不同的情况,积极研究如何指导下属,帮助下属提升绩效水平。从某种意义上说,绩效监控的过程也就是通过双向沟通进行绩效辅导的过程。

1）绩效辅导的内涵

所谓绩效辅导（Performance Coaching），是指管理者采取恰当的领导风格，在充分的绩效沟通的基础上，根据绩效计划，针对下属工作进展中存在的问题和潜在的障碍，激励和指导下属，以帮助其实现绩效目标，并且确保其工作不偏离组织战略目标的持续的过程。管理者作为绩效辅导的主导者和推动者，不仅需要对下属提出的各种要求作出积极回应，还要能够前瞻性地发现潜在问题并在问题出现之前予以解决。绩效辅导包括以下几个方面的内容。

第一，提供帮助是绩效辅导的关键。绩效辅导的目的是通过帮助下属达成绩效目标，来实现部门和组织的绩效目标，进而实现组织战略目标。下属在执行绩效计划的过程中遇到困难或障碍需要帮助时，管理者需要及时提供必要的帮助和支持；在必要的时候，还应该为下属提供培训的机会，使其具备完成绩效计划所需的知识和技能。管理者不仅是在问题出现时进行辅导，更要着眼于帮助下属获取实现高绩效的能力。

第二，激励下属是绩效辅导的重要职能。绩效责任制是实现绩效目标的基本保障。绩效辅导不是管理者越俎代庖，绩效改进的主要责任者还是下属本人。因此，在绩效辅导中，管理者需要注重培养下属的主人翁意识和责任感，帮助其树立自信和提高成就感，促使其为了实现绩效目标而不断超越自我，为承担更具挑战性的工作任务而不断提升知识、技能和对组织的承诺水平。

第三，领导风格对绩效辅导效果有重要影响。管理者面对的实际情况是多种多样的，但其领导风格是相对稳定的。绩效辅导由管理者具体执行，其领导风格和特征对绩效辅导有较大的影响。因此，在绩效管理实践中，需要注意管理者的领导风格和绩效辅导之间的匹配。

第四，根据绩效计划的执行情况，及时与下属沟通是绩效辅导成功的基本保障。这要求管理者全面收集与绩效计划执行有关的各种信息，做出正确的辅导决策。对绩效不佳的员工给予及时的辅导，甚至为其提供培训机会；对成功达成或超额完成预期目标的员工，则需要及时表扬，激励其为实现更高的绩效目标而不断努力。

2) 绩效辅导的实施

（1）绩效辅导时机。为了对下属进行有效的指导，帮助其发现问题、解决问题，更好地实现绩效目标，管理者必须掌握指导的时机，确保及时、有效地对下属进行指导，一般来说，在以下时间进行指导会获得较好的效果。

① 正在学习新技能时。

② 正在从事一项任务，而你认为他们如果采取其他方法能够更加有效地完成任务时。

③ 被安排参与一项大的或非同寻常的项目时。

④ 面临新的职业发展机会时。

⑤ 未能按照标准完成任务时。

⑥ 弄不清工作的重要性时。

⑦ 刚结束培训学习时。

对下属进行指导时，管理者需要获得关于下属绩效的信息。持续的监督有助于管理者获得反映下属绩效所必需的信息。绩效辅导不是一种被动行为或一项临时性活动，而是通过使用一种（或几种）特定的方法如关键事件记录法等，收集所需数据，使管理者获得足够的信息，确保有的放矢。

（2）绩效辅导方式。绩效辅导方式受管理者的指导风格的影响非常大，而管理者的指导风格分为教学型指导和学习型指导，如图 3 - 2 所示。其中一端是教学型指导者。这种类型的指导者喜欢直接告诉下属该如何去做。他们都具有某一方面的专长，并希望通过向下属传授这些专长使其能够完成一项具体的工作。他们凭借自身的经验向下属传授完成工作所必需的技能和知识。这种指导对于那些需要依据某种恰当方法反复操作的任务是合适的。这对于在一线工作的员工特别有帮助，这些员工在提供产品或服务时需要取得连续性的、可预见的结果。另一端则是学习型指导者。这种风格的指导者更加喜欢提问和倾听，而不是直接告诉下属如何做。这种指导者传授的是他们广博的专业知识，而不是实际的技术经验。他们相信每个人都有潜力，他们为下属提供各种迎接挑战、施展才能以及学习的机会。这种指导在一个问题存在多种而不是只有唯一的解决方案的时候非常有效。尤其对那些承担新责任、从事全新或非常规的项目的下属来说,这种指导非常有帮助。

图 3-2 指导风格

每个管理者都有一种天生的或者具有倾向性的指导风格,因此,管理者在进行绩效辅导实践的时候,需要将自己的指导风格与环境以及下属的情况进行匹配,具体问题具体分析,使自己对下属的指导更加有效。也就是说,虽然管理者"自然"的风格可能在这个连续区间内保持不变,但为了取得满意的指导效果,管理者必须采用权变观点,根据具体情况采用不同的风格来进行指导。

3. 绩效信息的收集

美国管理学家彼得·德鲁克在《21世纪的管理挑战》中所说的"信息的挑战",是指要想衡量绩效,企业主管要有一整套诊断工具,包括基本信息、生产率信息、竞争优势信息以及与稀缺资源有关的信息。在绩效监控阶段,管理者应该通过各种途径收集和记录绩效信息,为绩效监控提供信息支持,防止重大事故的发生,并为绩效评价做好信息准备。

1) 信息收集的内容

任何信息收集行为都需要占用组织的资源,而几乎所有组织的资源都是有限的。收集绩效信息主要是收集与绩效目标达成密切相关的信息,而不是全面记录绩效信息。绩效信息的收集要既重结果又重过程,要对重要的过程信息和结果信息进行全面完整的记录。确定绩效信息的内容,需要注意如下几个方面:

(1) 绩效目标决定绩效信息收集的范围。所有与实现各层次绩效目标相关的重要绩效信息都需要被收集、记录和保存下来,其中,与组织战略目标相关的绩效信息是相关工作需要特别关注的领域。

(2) 信息收集需要面向绩效评价。绩效评价与绩效监控的信息在内容上是一致的,绩效评价需要的信息就是绩效监控的重要内容。绩效评价是一项鉴定活动,是依据绩效信息对绩效计划执行情况的评判。在绩效监控过程中,需要对绩效信息进行全面的收集和整理,为绩效评价工作提供有力的佐证,从而确保绩效评价的公正性和准确性,并保障员工对绩效评价结果的认可。

(3) 绩效信息一般分为关键事件、业绩信息和第三方信息三种类型。首先,关键事件是指一些比较极端或比较有代表性的具体行为或事件。当这类事件发生时,要及时客观地做记录,不应当加入任何主观的判断和修饰。记录的内容主要是全面描述事件,具体包括事件发生的时间、当时的情况、员工的行为以及最后的结果等,总之应尽可能客观具体地列出重要的关键事件或结果信息。其次,业绩信息是指完成绩效计划或工作任务时的各种业务记录,特别需要注意收集与绩效突出和绩效问题相关的信息。业绩信息收集的过程也是对相关的数据、观察结果、沟通结果和决策情况等进行记录的过程,主要确定需要做什么、为谁做、什么时候做,从而帮助员工创造好的绩效。员工是绩效的主要责任者,让员工参与收集信息是让员工参与绩效管理的好方法。通过收集信息,员工不再将绩效管理看成监督和检查的工具,而是把绩效管理看成发现和解决问题的工具。最后,第三方信息是指让客户等帮助收集信息,内部记录的绩效信息不可能涉及绩效评价的方方面面。管理者也不可能了解员工的每个工作细节,比如,管理者不可能总是盯着是不是电话响了十几声之后才有人接听,也不可能总是观察员工接听电话的内容和态度,所以有必要借助第三方来收集信息。

2) 信息收集的方法

采用科学的信息收集方法获取准确、有效和全面的绩效信息,是做出科学的绩效管理决策的基础,对提升战略性绩效管理决策的质量有重要的意义。绩效信息需要通过合适的方法收集,管理者在设计信息收集渠道的时候需要选择最优的方法以保障信息收集工作的质量。目前主要的绩效信息收集方法有如下几种:

第一,工作记录法。对需要详细工作记录的工种进行监管的时候,就需要使用工作记录法收集相应的绩效信息。比如,考核财务、生产、销售、服务方面的数量、质量、时限等指标,就需要使用工作记录法,规定相关人员填写原始记录单,并定期进行统计和汇总。工作记录法要求使用规范的信息收集表格。在条件允许的情况下也可以使用电子表格或绩效信息系统进行收集,便于信息的存储、统计、汇总和分析。

第二,观察法。观察法是指管理者直接观察下属的工作表现。在各种渠道中,观察一般是最可靠的。观察是一种收集信息的特定方式,通常是管理者亲眼所见、亲耳所闻,而不是从别人那里得知。管理者常常采用走动式管理,对工作现场进行不定时的考察,以获取第一手绩效信息。

第三,抽查或检查法。这种办法常常与工作记录法配合使用,是为了核对相关绩效信息的真实性而采用的一种信息收集方法。管理者或专门的部门可以对绩效信息进行抽查或检查,确保原始信息的真实性。

第四,关键事件法。这种方法要求在绩效实施过程中,特别对突出或异常失误的关键事件进行记录,使管理者能够对突出业绩进行及时奖励,对重大问题进行及时辅导或纠偏,并为绩效评价和绩效改进做基础信息的收集。

◎ 本章小结

在传统意义上的考核中,组织往往单纯地依赖定期的、既成的绩效评估方法,考核更多的只是关注结果和形式,忽略了对各种过程的控制和督导,是一种只问结果不问过程的考核管理方式,员工改善绩效的动力仅仅是来自利益的驱动和对惩罚的惧怕。这种不问过程的考核过于强调近期绩效、根据自我感觉感情用事、误解或混淆绩效目标、缺少足够清晰的绩效记录资料,自然会带来诸多弊病,这不仅仅让前期的绩效计划付诸东流,导致后期的绩效评估面谈无法进行,更使下至普通员工上至高层领导都对绩效考核充满疑惑,使得整个绩效管理失控。

所以,我们不仅要注重绩效考评的结果,也要对绩效管理过程进行严格的控制把关。在绩效控制中,注意进行持续有效的沟通、记录真实有效的绩效信息、及时进行双向反馈、给员工提供必要的指导以及根据需要调查绩效目标。否则,绩效考核只能是一些数字和表格。

 复习与思考

(1) 绩效监控的方法有哪些?

(2) 谈谈你对绩效监控的主要内容的认识。

(3) 谈谈你对绩效沟通原则的认识。

(4) 谈谈你对绩效辅导的理解。

(5) 绩效信息收集的内容和方法有哪些?

● **课后案例**

盛强公司员工的绩效"闷包"

又到年末,盛强公司除了忙着做今年的会计决算和来年的财政预算外,经理和员工们又开始了一年一度的被称之为"表演"的绩效考评。

盛强公司与许多公司相似,人员绩效管理主要体现在绩效考评上。本来,盛强公司的管理决策者想通过绩效考评对员工绩效进行区分,以此给予员工合理回报和奖励,调动员工积极性。然而,事实上目前的绩效考评结果却并不尽如人意。员工觉得考核结果也未反映出自己的工作业绩,因而满腹牢骚。当然,牢骚归牢骚,表格还是要填的。

盛强公司是一家IT行业的民营企业,成立于1995年,现有员工115人。盛强公司的设备和软件产品主要用于连接计算机网络系统,为用户提供方便、快捷的信息传输途径,帮助用户降低成本开销、提高工作效率,有效地缩短用户与其客户、商业伙伴和公司职员之间的距离。

章经理是盛强公司产品研发部的经理,直接管理15名技术人员。由于平时项目较多,十来号人看上去总是忙忙碌碌,章经理更是觉得每天总是安排得满满的。年底考评到了,章经理又将忙于填写15份内容相差不多的绩效考核表。由于人事部已经催了很多次了,他必须在这个周末前完成这些表格;否则,下周一又要接到人事部经理的催"债"电话。

这次,章经理灵机一动,想了一个"好"办法。他把表格发给每位员工,让员工自己在上面打分,然后派人收齐,在上面签上名,再交给人事部。问题解决了,纸面上的工作都按人事部的要求完成了。人事部也没有不满意。章经理心想,这下每个人都结束表演回到了"现实中的工作"中去。

忙碌一时的绩效考评工作就这样"完成"了。考评结束后,考评结果的书面材料被人力资源部束之高阁,绩效考评也就变为一种填表游戏,成为一种形式主义的"表演",员工绩效处于"闷包"中。员工不知道组织和上司如何评价自己,不知道自己在哪方面做得好、哪些方面做得不好以及怎样改进和提高。

事实上,这种填表游戏在一段时间内仍影响着员工的情绪。小吴是一位毕业于名牌大学计算机专业的硕士生,在盛强公司研发部工作已近三年,越来越觉得这种考评没有意思,增薪或减薪、晋升或转岗都是在考核中打"闷包"。说是通过考核来体现,但是怎么体现,那只有员工猜测的份了。因此,尽管小吴也觉得没意思,但考核结束后的一段时间内心情也不平静。老孙的心情则是与小吴不同。老孙其实并不老,40岁刚过,但该部门的员工大多在30岁左右。老孙进盛强公司产品研发部时也很年轻,以前这样考核,老孙糊里糊涂也就应付过来了,没觉得有什么压力,但岁月如梭,毕竟年龄不饶人,随着年龄的增大,反而在意这种形式化的考评,担心这种考核影响自己的奖金和用工期限。

(资料来源:盛强公司员工的绩效"闷包"[EB/OL].(2020 - 10 - 11).https://max. book118. com/html/2020/1010/7126060005003005. shtm.)

 思考题

(1) 章经理面临着什么问题,他的这种貌似迅捷的解决方法会带来哪些负面影响?

(2) 这样绩效考评方法缺失了什么? 如果你是章经理,你应该怎么做?

(3) 整个公司的绩效监控应该如何改进,才能让小吴和老孙的情绪稳定下来,安心地工作?

📖 **延伸阅读**

罗伯特·伊顿是个好教练吗

　　罗伯特·伊顿(Robert Eaton)在1993—1998年间一直担任克莱斯勒汽车公司(Chrysler)的首席执行官,他的前任是从1978年起就执掌克莱斯勒公司的李·艾柯卡(Lee Iacocca)。1998—2000年,伊顿在当时新组建的戴姆勒·克莱斯勒汽车公司担任联合首席执行官。戴姆勒·克莱斯勒汽车公司一共拥有36.21万名员工,2003年的总收入达到1 364亿欧元,公司的汽车品牌包括迈巴赫、梅赛德斯-奔驰、克莱斯勒、吉普、道奇以及Smart等。

　　从担任首席执行官的那天开始,伊顿就一直和下属保持着顺畅的沟通,一旦形成了对未来的规划,他就会立即与四位高层管理人员进行讨论,同时向他的搭档鲍勃·卢茨(Bob Lutz)征求意见,在做出事关克莱斯勒公司生死攸关的重大决策之前,他会跟公司里上上下下的人沟通,以避免草率地做出决定。伊顿和卢茨发现,公司现在雇用的员工都挺适合公司的,不需要再招聘新人。唯一的问题在于,他们需要换一种方式,即采用一种更强调员工参与的方式来领导这些员工。

　　为了找到帮助组织取得成功的办法,伊顿几乎倾听了公司里所有人的意见,其中包括高层管理人员、供应商,还有流水线上的工人。伊顿还鼓励克莱斯勒公司的员工之间开展对话和交流。伊顿和卢茨之间紧密合作、坦诚沟通的做法(他们两个人的办公室分别位于一个大厅的两头,两个人上班的时候都不关门)所形成的氛围最终在整个公司里蔓延开来。伊顿和卢茨的走动式管理风格向员工表明了他们对组织的承诺以及充分的敬业精神。此外,伊顿和卢茨会定期组织高层管理团队开会,让大家聚集在一起交换意见,交流从组织的各个方面获得的信息。

　　伊顿甚至改革了克莱斯勒汽车公司的汽车设计方式,而这一点在李·艾柯卡执掌克莱斯勒时是被忽视的。伊顿的这一决定基于一项研究的结论,即克莱斯勒公司需要更加具有灵活性,而且公司的高层管理人员需要与产品设计团队保持一种持续性的沟通。一名员工对此这样评价："即使伊顿听到某人跟他说一件他不喜欢或不理解的事情,他也不会一下子就把这个人的想法毙掉。他知道并不是每一种想法都是对的,不过他自己也很疯狂……有时候他会跟我们说一件事情,然后我们告诉他说,你的这个想法太离谱了吧,但是他到最后可能也不会改变自己的主意。不过他会花时间把他思考问题的过程讲给你听。你知道,他的这种做法给我们带来了多大的信心吗?"这种与高层管理人员之间开诚布公的交流被证明是极其成功的,就像一名设计师总结的那样:"这是一个会及早发现人才并给他们支付报酬的系统,而这创造了对工作的激情和使命感。"

克莱斯勒公司还有一项被伊顿称为给员工授权的计划,也就是让所有的员工包括高层管理人员,都参加到新车型的设计过程中来。伊顿的解释是,这样做是为了向工厂中的所有员工表明,公司的高层管理人员非常关注新车型的开发,同时这也为管理人员提供了一个理解和解决工厂一线存在的各种问题的机会。伊顿说:"当我们的讨论结束时,这些家伙就已经明白我们将要去哪里以及我们怎样去那里。他们回去以后会将计划付诸实施,全力以赴地实现这个目标。而这正是我们所要做的唯一的事情。"他总结说:"很显然,在一个公司中必须有一个共同愿景,但是我们还试图教会员工如何在他们自己的领域做一位领导者,让他们知道公司要到哪里去,知道公司的决定会对他们的领域产生什么样的影响,让他们以世界一流水平作为产出的标杆,然后制订行动计划去追赶世界一流水平。我们还鼓励员工不仅努力实现我们订立的经营目标,而且还要有更加宏伟的目标。这个更加宏伟的目标就是实现 50% 的增长率……如果我们要追求的是 50% 的增长率,就得做出一些超乎寻常的事情。你必须跳出框框。"

基于上面的描述,请运用表 3-3 和表 3-4 评价一下伊顿的辅导技能。如果他缺少某种特定的绩效辅导行为或职能,请给他提出建议,告诉他怎样做可能会更有效一些。

表 3-3　辅导职能评价表

主要职能	是否存在(是/否)	评论或建议
提供建议		
给予指导		
提供支持		
赋予信心		
提升胜任能力		

表 3-4　辅导行为评价表

关键行为	是否存在(是/否)	评论或建议
制定开发目标		
有效沟通		
激励员工		
记录绩效		
提供反馈		
诊断绩效问题		
开发员工		

(资料来源：方振邦,唐健.战略性绩效管理[M].北京：中国人民大学出版社,2018.)

4

绩效考核

◉ 学习目标

（1）掌握指标评价方法的优点、缺点及适用情况；

（2）掌握绩效考核技术的优点、缺点及适用的企业条件；

（3）掌握平衡计分卡四个维度的内容、平衡计分卡的实施条件；

（4）掌握 360 度考核法的适用条件和实施步骤；

（5）掌握 OKR 考核法的内容和实施步骤；

（6）了解绩效考核中常见的问题和对策。

◉ 引例

海底捞的绩效考核

四川海底捞餐饮股份有限公司成立于 1994 年 3 月 20 日，是一家以经营川味火锅为主、融汇各地火锅特色于一体的大型直营连锁企业。自成立以来，公司始终秉承"服务至上，顾客至上"的理念，以创新为核心，改变传统的标准化、单一化的服务，提倡个性化的特色服务，致力于为顾客提供愉悦的用餐服务，受到了社会的广泛赞誉。

海底捞取得的巨大成功不仅得益于其贴心、周到、优质的服务，其绩效考核体系也独具特色。海底捞把整个绩效考核过程分为五个颜色卡：红卡、黄卡、白卡、绿卡和蓝卡。红卡是服务，黄卡是出品，白卡是设备，绿卡是食品安全，蓝卡是环境卫生。黄卡、白卡、绿卡、蓝卡是可以量化的，但红卡服务很难量化,所以红卡考核的只有服务的速度和态度。服务的速度又分为上菜的速度、买单的速度和对客人投诉处理的速度。

1. 怎么考核

海底捞现在的做法是上级考核下级。绩效考核团队在企业中工作了很多年,非常有经验,而且团队很多成员都当过店长。

绩效考核团队成员到一个餐厅,先观察客人,客人在等候区的时候有没有很焦急,有没有东张西望到处找人,甚至是大吼大叫的;到了就餐区有没有大喊服务员,就餐区是不是很干净;还有观察服务员有没有聊天、打盹,观察管理者有没有聊天、打盹。

2. 如何打分

对于打分,海底捞采取的是小区考核门店。因为每个区打的分值不一样,海底捞就将绝对值分为 A、B、C 三个等级。制定这一机制后,每个门店的分数都在上涨,因为他们不知道排到第几名,只有努力地提高分数,不需要做得最好,但一定要比其他人做得好。

3. 考核结果一定要应用

考核团队要和被考核者沟通绩效结果,特别是对考核结果不认同的这一部分人,一定要做好沟通,沟通的过程其实又是一个培训的过程。

考核出来的 A、B、C 三个等级一定要和薪酬、升迁挂钩,否则,之前的绩效考核就白做了。

(资料来源:海底捞火锅官网,http://www. managershare. com/post/271083,有删减。)

4.1 绩效指标评价方法

指标分为定量指标和定性指标两类,常用的绩效指标评价方法有表 4-1 所示的几种。

表4-1 各种指标评价方法

评价方法	定义	优点	缺点	适用情况
完成率法	将实际完成情况与预先设定的标准对比,得到完成的量或比率	以数据评价,显现的是客观事实,不受人为因素干扰	只考虑结果,未考虑达成过程中的影响因素	可量化的指标,如销售额、利润额等
等级评估法	根据预先设定的标准,将实际完成情况分为几个等级,如一级、二级、三级、四级	评价效率较高,容易理解;区分颗粒度较粗,适合难以准确定量的情况	相邻等级之间的界线不是非常清楚,不同人的评价可能会不同	可衡量的定性指标,如科研水平、能力素质水平等
排序法	按评价结果排列顺序	容易设计,使用方便,可以有效避免宽大化、中心化或严格化倾向	主观性较大,容易引发争议	难以确定客观标准的指标,如重要性等
配对比较法	进行两两比较,最后根据这些结果进行排序	相比排序法,更科学可靠	较费时费力,需要反复对比	互相之间需要进行对比的指标,如风险程度
强制分布法	将考核结果按照一定的比例分为几档,如优、良、中、差,并规定每一档的比例分布	人数较多时反映了客观的分布规律,是对主观判断一定程度上的修正	人较少时严谨性不足,带有较大的主观性,容易引发争议	评价人数较多时,绩效成绩呈正态分布,且评价标准较易受主观因素影响,如综合评价结果
描述法	使用描述性语句进行评价	容易设计,使用方便,可读性强	主观性很强,与评价者的表达水平有关,使用时工作量较大	没有特定标准,适用于员工能力和发展评价

（续表）

评价方法	定义	优点	缺点	适用情况
行为锚定法	传统业绩评定法和关键事件法的结合	具有指导和监控行为的能力；对绩效的计量更为精确；绩效考核的标准更为明确；具有良好的反馈功能；考核要素之间较为独立	需要花费更多的时间设计量表	没有特定标准，适用于关键事件中员工有效和非有效的工作行为
行为观察法	将期望员工在工作中表现出的行为作为评估指标，对各个行为出现的频率进行评估	目标更清晰，更可直接观察，更易被评估人接受，可提高对目标的认可度；全部的工作行为可以作为工作说明书的有益补充	容易出现集中趋势和近似效应	没有特定标准，适用于期望员工在工作中表现出的工作行为

4.2 绩效考核技术

常用的绩效考核技术有：目标管理法（Management by Objectives，MBO）、标杆管理法、关键绩效指标（Key Performance Indicator，KPI）、平衡计分卡（Balanced Score Card，BSC）、360度考核以及近年来在高科技、互联网行业非常流行的一种管理办法——目标与关键成果法（Objectives and Key Results，OKR）管理法。

不同的绩效考核技术各有其优缺点，如表4-2所示。

表4-2 各种绩效考核技术的比较

绩效考核技术	优点	缺点	适用企业
目标管理	充分调动员工的主动性和创造性；有利于团队不断自我提升，改进组织绩效；有利于明确权责分工；有利于加强团队内和团队之间的合作共赢	容易出现重视目标，忽视对实现目标的过程的监控；容易出现因目标难度差异大而造成内部不公平的现象；容易出现重视短期目标、忽视长期目标的情况	初创期或成长期的中小企业

（续表）

绩效考核技术	优点	缺点	适用企业
标杆管理	有成功的案例作参照,可以很清楚地发现自身的短板;工作导向非常明确;始终追随竞争对手,减少走弯路的概率	有时难以获取标杆的真实数据;对标杆企业的分析可能存在误差,形成错误导向;容易忽略自身存在的特定情况,盲目对标;难以形成差异优势,错失发展良机	可以获取优秀标杆的对标数据
关键绩效指标法	识别决定企业成功的关键因素,目标明确,推动实现企业战略;可以将组织目标与个人目标结合起来,形成一致的利益;容易通过量化数据进行跟踪考核,发现差距	有时难以准确地提炼关键指标;容易导致员工"为考核而考核";容易陷入过度追求量化结果的状态;有些岗位不太适合采用KPI指标法	大部分企业
平衡计分卡	不仅考核结果,更重视导致结果的驱动因素,从事后总结变为事前努力;为企业战略管理提供强有力的支持;可以全面地分析导致企业成功的内部管理因素,并加以持续改进;重视内部成长,有利于企业长期的发展	对企业的要求较高,战略目标要能够层层分解;财务、客户、内部流程和学习成长之间有明确的内在关联关系;管理层有较充足的精力从日常事务中解脱出来思考战略问题;内部的信息交流机制健全;针对个人的应用性不强	处于成熟期的企业,战略明确,内部管理水平高
360度考核	可以全面地考察员工的表现,360度有利于减少考核误差;尤其适用于软性技能的考察;可以帮助员工更全面地了解自己的优势和不足	考核成本较高,费时较多;难以避免主观因素的影响;考核标准不易统一;更适合作为员工晋升时的考察标准	大部分企业
目标与关键成果法	帮助公司全体员工保持一致的努力方向,更有效地完成任务;目标通常是有挑战性的,有利于公司的快速发展;有利于促进内部沟通,让每个人知道在大目标之下自己的努力方向;创造了公平透明的氛围	对管理者和员工的能力素质要求比较高;并不适用于所有岗位,尤其是有硬性指标要求的岗位	IT、互联网、基金、游戏、创意设计等项目型公司

4.3 绩效管理实践

1. 目标管理

小专栏 4-1

为什么设定目标反而导致了矛盾加剧和利润下降？

一家制药公司决定在整个公司内实施目标管理。事实上他们之前在为销售部门制定奖励制度时已经用了这种方法。公司通过对比实际销售额与目标销售额，支付给销售人员相应的奖金。这样销售人员的实际薪资就包括基本工资和一定比例的个人销售奖金两部分。

销售量大幅度提上去了，但是却苦了生产部门，他们很难完成交货计划。销售部抱怨生产部不能按时交货。总经理和高级管理层决定为所有部门和经理以及关键员工建立一个目标设定流程。为了实施这个新的方法他们需要用到绩效评估系统。生产部门的目标包括按时交货和库存成本两个部分。

他们请了一家咨询公司指导管理人员设计新的绩效评估系统，并就现有的薪资结构提出建议。咨询顾问修改了基本的薪资结构，包括岗位分析和工作描述，还建立了奖金系统，该系统与年度目标的实现程度密切相连。他们指导经理们如何组织目标设定的讨论和进行绩效回顾。总经理期待着很快能够提高业绩。

然而不幸的是，业绩不但没有上升，反而下滑了。部门间的矛盾加剧，每个部门都在指责其他部门，尤其是销售部和生产部。生产部埋怨销售部销售预测准确性太差，而销售部埋怨生产部无法按时交货。客户满意度下降，利润也在下滑。

经过仔细分析公司总结出几个基本问题：

（1）设定的目标不全面。每个部门只专注于对自己非常重要的几个目标；

（2）绩效评估是一年进行一次，目标一旦定下来就不能再改变。所以即使他们发觉有些目标有问题，也不能进行及时的修改；

（3）各部门的目标之间没有联系，只和组织内上下级之间有联系；

（4）修改后的系统仍然存在定性或主观评估，这就意味着私人关系对绩效评估的结果还是有很重要的影响，有损系统的公平性；

（5）最重要的一点，目标不符合公司扩大市场份额的特定战略。原来的目标只关注销售额和按时交货，但是战略最重要的几个方面没有得到特别体现。

目标管理考核法就是上级直接与员工共同制定工作目标，并衡量和跟踪目标完成情况的考核方法，其强调实施过程中员工要进行自主管理，上级要检查进度和质量并给予指导和帮助。

以某上市公司向公众公开发行股票（IPO）之前人力资源部的工作目标为例（如表 4-3 所示）。实施目标管理法主要步骤为：

（1）分解企业的战略目标，确定企业的年度目标。

（2）召开由企业管理层和各部门负责人参加的讨论会，确定各部门的工作目标。各部门目标并不是企业总体目标的简单"数学分解"，而是要结合各部职责进行"化学分解"。

（3）各部门按照同样的逻辑，在部门内召开讨论会，确定每个岗位的目标。

（4）在讨论目标的过程中，也一并确定如何对目标的进度和质量进行测量监控。

（5）实施过程中，员工要自我管理，上级的作用是关注、指导和资源协调。

2. 标杆管理

标杆管理法的首要任务就是确定对标对象，包括内部和外部标杆，选取的对标指标一般为定量的指标，如销售增长率、利润率、市场占有率、资产负债率、股东回报率、人均产值、人均利润、前中后台人员配比等。外部标杆可选取上市公司，因为他们的信息比较容易获得，也可以与项目经验丰富的咨询公司合作，还可以通过招聘对标企业的相关人才获得。

表4-3 ****年度公司目标和人力资源部工作目标（示例）

公司目标	人力资源部目标	人力资源总监	组织发展高级经理	薪酬福利经理	绩效经理	招聘培训经理	员工关系主管
建立规范的管理体系，达到IPO要求，在20**年度底前完成IPO	梳理、优化组织结构，明确各部门职责和权限	牵头负责，4月底之前完成	参与项目			参与项目	
	建立统一的职级职位体系和任职资格体系	牵头负责，6月底之前完成	主导项目，设计方案	参与项目		参与项目	
	优化绩效管理体系，将绩效目标分解到岗位	牵头负责，8月底之前完成	参与项目，提供支持		主导项目，设计方案	参与项目	
	优化薪酬体系，建立具有市场竞争力的薪酬激励机制	牵头负责，9月底之前完成		主导项目，设计方案	参与项目		
	建立技术人才梯队	牵头负责，12月底之前完成	参与项目，提供支持	参与项目		主导项目，设计方案	
	建立用工风险防范机制	牵头负责，8月底之前完成		参与项目		参与项目	主导项目，设计方案
	提升人力资源管理专业能力	建立人力资源部学习与转岗机制，8月底之前完成	参与项目		参与项目	参与项目	
	按标准完成日常工作	领导并提供支持				主导负责	

比如著名的埃克森美孚石油公司早年曾经实行过标杆管理,美孚通过调查发现客户最关注的是:能提供帮助的友好员工、快捷服务和认可客户的消费忠诚。为了改进其下属的8000个加油站,美孚成立了以"速度""微笑"和"安抚"命名的三个项目团队,分别选取潘世奇汽车集团、卡尔顿酒店和美国家居仓储公司为对标对象,最终提炼出"友好服务"的新概念并推广到所有加油站,大获成功。国内的知名企业如联想、海尔、李宁等也都实行过标杆管理法,并取得成功。

标杆管理的主要步骤包括:①明确企业发展目标;②确定标杆企业,明确对标维度;③获取标杆企业的相关数据;④分析差距,指出原因,确定改善目标和提升路径;⑤运行一段时间后,总结评估。

3. 关键绩效指标

关键绩效指标(Key Performance Indicator)即KPI考核,是应用最广泛的绩效考核方法之一,无论是跨国集团还是中小型企业,均可采用。KPI来源于企业的战略目标,经过由上而下的层层分解落实,形成企业级KPI、部门级KPI和个人KPI,这三个层次的指标共同构成了整个企业的KPI体系。KPI的设计步骤为:

1) 确定企业级KPI

(1) 确定关键成功因素;

(2) 对每项关键成功因素进行分析,确定KPI指标;

(3) 确定每项KPI的目标值,确定评价方法和数据来源。

某企业的KPI指标提取过程如图4-1所示。

2) 确定部门级KPI

(1) 按照部门职能来承接企业级KPI,如图4-1所示,企业中应收帐款周转率、过期应收帐款比率等指标可由销售部门直接承接;存货周转率、材料周转率等指标可由储运部门、生产部门来承接;

(2) 如果有的指标需要由多个部门共同承担,则根据工作流程用表4-4所示的工作分工矩阵进行分解,将相应指标按权重落实到不同部门;

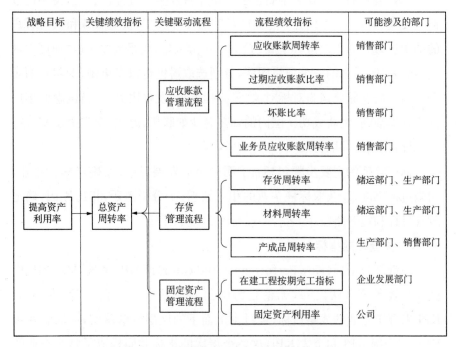

图 4-1　关键成功因素与关键绩效指标图

（3）结合部门职责和日常工作目标，形成表 4-5 所示的部门级 KPI。

表 4-4　工作分工矩阵表（示例）

部门目标	财务部	人力资源部	综合部	销售部	生产部	信息部	……
销售收入达 3 亿元				80%	20%		
资产负债率降低 2 个百分点	100%						
提高自动控制率					30%	70%	
各部门核心人才保留率达 90%	50%	50%	50%	50%	50%	50%	
……							

表4-5 部门级KPI(示例)

部门	考核项目	考核指标	指标定义	权重	目标值	计算方法	数据来源
生产部	产能利用率						
	生产成本						
	……						
销售部	销售收入						
	产品边际贡献						
	……						
研发部	新产品研发效率						
	研发成本控制						
	……						
财务部	资产负债率						
	财务费用控制						
	……						
……							

3) 确定岗位和个人KPI

运用与上述相同的思路,将部门KPI分解为个人KPI,即先按照岗位职责来承接部门KPI,再结合岗位自身的定位和工作要求,形成个人KPI,其结构与表4-5相同。

4. 平衡计分卡

应用平衡计分卡(Balanced Score Card,BSC)是为了以战略目标为基础,对绩效结果(财务指标、客户指标)和驱动因素(内部流程、学习成长)两个层面进行综合分析评价,找出关键成功因素。

平衡计分卡的四个方面如图4-2所示。

(1) 财务方面以明确的财务目标来描述战略结果,它是一个企业全部工作的最终目标,是实现股东价值的体现。

(2) 企业价值的实现要以客户价值的实现为基础,客户层面的考核可以通过市场份额、客户满意度、客户利润贡献等来体现。

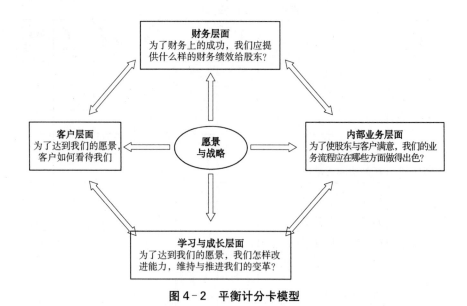

图 4-2 平衡计分卡模型

（3）内部流程明确企业如何通过有效的运营管理为客户创造价值，内部流程层面的指标包括企业的运营效率、创新能力、服务水平等。

（4）学习成长是企业持续发展的内在动力，学习层面的指标包括人力资本、组织资本和信息资本。

平衡计分卡的四个方面是有机的整体，相互之间存在着内在联系：通过提高员工的能力素质推动企业运营效率的提升，进而为客户创造更高的价值和更好的体验，提高客户满意度和客户黏性，扩大市场份额，最终提高财务指标。使用战略地图，逐层解析这四个层面的关系。某医药公司的BSC实践如表 4-6 所示。

表 4-6 企业级平衡计分卡表（示例）

方面	权重	考核指标	指标定义	指标权重	目标值	计算方法	数据来源	考核周期
财务方面	30%	销售收入						
		核心产品利润率						
		新产品利润率						

（续表）

方面	权重	考核指标	指标定义	指标权重	目标值	计算方法	数据来源	考核周期
		销售费用占比						
		单位产品成本						
		资产周转率						
		流动比率						
		资产负债率						
		资金闲置成本						
客户方面	30%	市场份额						
		客户满意度						
		品牌认知度						
		品牌的市场价值						
内部流程	25%	市场推广活动效果						
		新产品开发周期						
		新产品开发完成率						
		新产品上市效率						
		新产品开发费用占比						
		生产计划按时完成率						
		产能利用率						
		非计划性停产比率						
		产品合格率						
		销售订单完成率						
		库存盘点账目相符率						
		采购费用预算节省率						
学习成长	15%	员工技能提升						
		员工满意度						
		核心员工保留率						
		ERP系统应用效率						
		培训成果转化效率						

按照同样的逻辑,设计部门和个人的绩效指标体系。在设计个人绩效指标时,要注意平衡计分卡的四个方面并不一定都是必需的,因为有的岗位很难直接体现出财务或者客户的价值,比如行政类岗位就很难体现财务价值。

平衡计分卡作为重要的战略管理工具和绩效管理工具,在许多企业得到了成功的应用,帮助企业将远景目标与近期工作结合起来,将企业内部的驱动因素与追求的结果联系起来。但企业应用平衡计分卡并不是一件容易的事,它必须具备一定的条件:

(1)企业的战略和组织架构清晰;

(2)平衡计分卡的四个方面之间存在明确的内在联系;

(3)有健全的制度体系,包括财务核算体系、信息沟通机制、绩效考核制度等;

(4)具备领导设计平衡计分卡的内部专家或外部专家。

5. 360度考核

以被评价者为中心,上级、下级和同级均参与的评价,称为360度考核(如图4-3所示)。有的企业还可以在同级中引入外部评价者,如供应商或客户,这适用于工作中与外界有较多联系的岗位。

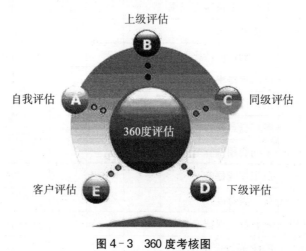

图4-3　360度考核图

360度的考核办法主要适用于难以进行客观量化评价的指标，比如一些软性指标：沟通技巧、人际关系、领导能力、思维能力等（如表4-7所示）。考核结果更多用于员工的培训、发展、晋升等，像华为在新干部任命前要进行360度的考察，很多国有企业将干部考察中的"德、能、勤、廉"采用360度考核的方式。有的企业将360度的考核结果与绩效奖金挂钩，但在实践中需要慎重采用这种操作方式。

表4-7 考核分级表

	学习能力	沟通能力	抗压能力	逻辑思维
定义	主动学习，不断更新自身的知识体系，紧跟本专业的发展趋势，不断提升专业水平，为公司战略落地贡献力量	准确地理解和传达信息，并根据需要采用恰当的沟通方式，促进双方的相互理解	遇到工作压力时，能控制自己的情绪，从不同角度重新审视问题，正视困难和压力，并采取行动努力克服	对事物进行观察、比较、分析，深刻识别事物的本质，抓住主要矛盾，采用科学的逻辑方法，进行归纳总结，并能准确而有条理地表达自己的思维过程
四级（卓越）	快速汲取新知识，尽最大努力探求本专业的前沿问题，利用相关知识来指导自己的实际工作	在沟通中能迅速理解他人言语背后的逻辑，并根据双方的特点，灵活运用各种沟通技巧，确保双方持续顺畅地沟通	在巨大的压力和重大挫折下，仍能用乐观的精神面对，并鼓舞和感染他人	在复杂的信息中进行系统性的思考和有效的分析，形成自己的判断并用于工作；能跳出自己的思维框架看待问题，寻求多种解决问题的方法
三级（高级）	持续不断地学习积累，不断更新自己的知识结构；通过在工作中不断进行尝试、总结来学习掌握新的知识和方法	能够理解他人行为、情感或言语背后的原因，能够通过有效沟通方式增进理解，消除误会	面对挫折和失败时，能及时认识到自己的不良情绪，并加以调整，勇敢面对，寻找解决办法	能从复杂信息中提取有效成分，并进行整理归纳，分门别类；能通过深入分析事物的本质，找到解决问题的方法
二级（中级）	积极向他人学习，主动寻求他人的反馈以分析和了解自己的优势与不足，并加以改进	能够理解他人的言外之意，并采取相应的方式进行反馈、表达自己的观点，保持双方沟通	能够面对短期内或偶然间的压力、挫折，并认真思考解决办法，在过程中提升自己	灵活应用所学的知识和经验积累分析面临的新问题，并通过深入分析原因，提出解决方案

（续表）

	学习能力	沟通能力	抗压能力	逻辑思维
一级（初级）	愿意学习新知识，跟踪了解本专业内的信息、知识（初级）和技术；会利用各种方式和渠道补充知识	识别他人外在的语言和情感，理解其直接表达的观点或想法；能够清晰地表达自己的观点和想法	面对他人的抱怨等常规工作压力时，能管理好自己的情绪，保持正常的工作状态	能有效、有序地处理不太复杂的工作，对较大量的信息进行简单归类，找出共性

360 度考核主要有以下几个步骤：

（1）明确考核目的，比如用于培训还是晋升。

（2）确定考核维度，如工作态度、沟通技巧等，并明确各维度的定义。

（3）结合企业要求，明确分级，并描述每个层级的表现。一般分为 3～5 个层级，分层过少则不太容易对不同员工的表现加以区分。过多则容易模糊层级之间的界限，给评价者带来困惑，不利于有效应用。

（4）确定考核关系和权重。根据工作关系确定考核人员，确定权重分配，如表 4-8 所示。一般上级的权重最大，自评的权重最小。

表 4-8　360 度考核表

考核对象姓名		岗位		考核人 1	考核人 2	考核人 3	考核人 4	考核人 5	考核人 6	考核人 7	自评
职级		所属部门		姓名：＊＊＊	姓名：＊＊＊	姓名：＊＊＊	姓名：＊＊＊	姓名：＊＊＊	姓名：＊＊＊	姓名：＊＊＊	
考核日期				工作关系：直接上级	工作关系：平级同事	工作关系：平级同事	工作关系：平级同事	工作关系：直接下属	工作关系：直接下属	工作关系：直接下属	
考核维度	定义	分层描述	权重	权重：40%	平均分的权重：30%			平均分的权重：20%			权重：10%
＊＊＊＊	＊＊＊＊	＊＊＊＊	20%								
＊＊＊＊	＊＊＊＊	＊＊＊＊	15%								
＊＊＊＊	＊＊＊＊	＊＊＊＊	15%								
＊＊＊＊	＊＊＊＊	＊＊＊＊	10%								
……	……	……	……								
合计											
总得分											

（5）如果员工较多,应建立在线考核系统以提高效率。可以定制化开发在线系统,也可以直接从咨询公司购买,像北森、中智等都有成熟的产品。

小专栏 4-2

360度考核法缘何遇到阻力

李生加入公司已经两年了,现在已经成为这家制造企业的人力资源部经理。最近他在公司内部推行360度考核法时,遇到了执行上的困难。

提出要实施360度考核法的是董事长。他在与同行的交流中得知这种考核法不仅能够避免人为因素的干扰,而且还能促使员工自觉提高绩效,他便让李生制定相应的考核政策,并授权他在公司内部推广实施。李生也知道原有的考核方法有缺陷,由上级对下级进行单向评分,容易受人为因素干扰而不能反映员工的真实表现。凭借良好的专业知识,并参考了一些资料,李生很快就编制出了一份360度考核制度及推行方案。按照新的考核制度,被考核人的上级、同级、下级和服务的客户负责对他进行评价,使被考核人清楚自己的长处和短处,来达到提高自己的目的。被考核人初步定为公司的中层领导和关键员工,普通员工如果有需求,也可以主动提出来做360度考核。

按照既定步骤,李生首先组织5个部门经理和1个总监开会,对新考核方法进行介绍和说明。已经到了开会时间,部门经理和总监才三三两两地来到会议室。李生在会上进行讲解和演示,大家似听非听、似懂非懂地看着李生。生产部经理边听边拿出要出货的订单盘算着,而财务总监则拿起不停响铃的手机查看,还不时地向旁边的财务经理问一些数据。

李生讲解完毕,希望主管们提出问题和意见,但是大家的回应很含糊,有的说:行,有的则回答:差不多。会议就这样结束了。第二天李生按计划向各部门收取最新的《职务说明书》时,问题又来了:生产部和采购部提交的《职务说明书》的内容与以前一模一样,而前一天在会上他已经说得明明白白这些职务的职责有了变化;而财务总监则说自己忙,还没有做,也不知道要忙到什么时候才有空。李生于是要求生产部和采购部重新填写,并要求财务总监尽早完成。

等了两天,未见有任何动静,李生终于忍不住向董事长汇报。董事长说:"财务总监也没交?哦,他可能比较忙,你直接追他好了。"从董事长那里出来,李生自问:"怎么会这样呢?360度考核法本身是比较科学,其效果也应当是不错的,是哪儿出了问题,怎么才能让360度考核法顺利实施呢?"

(资料来源:当考核遇到阻力[EB/OL]. http//www. chinacpx. com/zixun/114969. html.)

6. OKR考核

OKR全称是 Objectives and Key Results,即目标与关键成果,OKR考核是一套定义和跟踪目标及其完成情况的管理工具和方法。OKR考核的本质就是目标管理,OKR可以用来衡量员工的工作情况,但它与绩效奖金、员工晋升等不进行强关联。OKR考核非常重要的一点是聚焦于达成目标,而关键成果是反映目标的达成效果,在使用过程中关键成果是可以调整的,只要围绕着目标达成就行。OKR是一个相对简单但有效的、能将组织目标从上至下贯穿的方法,对于实现挑战性的项目目标是非常合适的。一般情况下,当企业或团队面临的任务挑战性或不确定性较大时,适宜使用OKR;如果只是例行的工作,或对工作的目标要求并不高,就不必使用OKR。

OKR有如下几个特点:聚焦于核心目标,因此OKR的内容不会很多,否则会失去重点,方向不清。每个关键成果直接影响着目标的完成情况,而不是间接或者辅助的。OKR是公开透明的体系,从最高负责人,到同事、下级,OKR是互相可以看到的,这样才可以在执行过程中不断进行自我纠偏。OKR是个沟通工具,使相关人都使用同一种语言来交流讨论,保持团队的合作。OKR强调的不是计划,而是目标,因为计划很可能会发生变化,但目标不变。OKR要激发员工的积极进取精神,敢于想象,敢于迎接挑战,因此OKR不与员工的收入挂钩。

OKR 通常以季度为周期进行管理,按如下步骤开展:

1)设定企业级目标

在季度开始前的几周就开始思考下一季度的企业级的目标,然后在季度初通过会议的形式确定。规模不大的企业,如创业企业,可以全员参加讨论,规模很大的则可以由各团队的主要负责人参加。

目标有几个要求:

(1)挑战性:如果目标是很容易就达到的,就不能成为这里的目标,而应作为日常工作;

(2)具体、可衡量:比如不能笼统地用"新产品获得成功",而要用诸如"新品三个月内上市""新品销售量增长 30%"等作为目标;

(3)目标应由员工自己提出,与管理者讨论确定;

(4)目标必须在内部和横向之间达成共识,即在管理者和员工之间、不同团队或同事之间达成共识,共识要通过直接的沟通交流达成;

(5)目标要有明确的时限要求;

(6)目标不宜太多,否则会分散关注焦点。

2)确定每个目标对应的关键成果

对每个目标进行充分讨论,确定目标所对应的关键成果。关键成果要满足以下几个要求:

(1)能直接影响目标的完成情况;

(2)以产出或结果为基础,可以明确衡量和评分的;

(3)一个目标对应的关键成果不要多,一般不超过 5 个;

(4)要有明确的时限要求。

3)公布企业级的 OKR

要让全体员工清楚企业的整体 OKR 是什么以及为什么是这些OKR。只有让员工清楚背后的逻辑,才能让员工将自己的 OKR 与企业的OKR 保持统一。

4)每个部门/团队制定自己的 OKR

每个部门/团队制定自己的 OKR,然后每位员工制定自己的 OKR,程序与上述程序一样,最终将所有的 OKR 在内部公开,便于大家相互了解和督促。

5）执行与定期回顾

按照自己确定的 OKR 去努力,在此过程中要定期回顾检查,包括自己检查和上级检查,确保努力的方向正确。内容包括目标进度、遇到的困难、所需的支持、下一步计划等。如果有必要,则可以调整关键成果。

OKR 的形式是非常简单的。许多公司会使用在线的共享软件,共享每个团队/每个人的 OKR,或者使用格式简单的表单。表 4-9 是某互联网公司的 OKR。

表 4-9　企业级 OKR

序号	目标	关键成果
1	提升 APP 活跃用户数	每日平均新下载量 5 000
		日活跃用户量达到 100 000
2	提高用户参与度	提升用户反馈率 10%
		提升互动用户数 30%
3	提升响应速度	降低用户请求延迟 40%
4	提高市场推广力度	每月至少举行一场市场活动
5	更新迭代	每个月至少有一个明显改进,且被用户明显感知
		每次改进在社交媒体和博客上进行介绍

小专栏 4-3

专家对 OKR 管理的经验分享

随着像谷歌、优步等互联网公司的巨大成功,OKR 成为互联网公司和人力资源部门追捧的对象,大有"掌握了 OKR,业务就能成功"的架势。OKR 的本质就是更强调员工参与,而不是管理员工。OKR 虽然看起来很容易,国内许多公司都在学习和推行,但他们并没有都获得预期的效果。这是因为任何一种管理理念或工具,都有其适用的场景,有其发挥作用的前提,离开了这些,再好的理念和工具也不会收到应有的效果。适用 OKR 的条件包括公司所处的环境对创新要求很高、行业本身迅速变化和发展,内部员工的事业心极强、团队素质很高，如果不具备这些特点，OKR 就并不适用。无论是 MBO、KPI、BSC，还是 OKR，都有许多成功的案例，但也有未成功的。工具本身并不是最关键的，人力资源部门一定要根据自己公司的具体情况，选用相应的绩效管理工具，切忌盲目求新。

4.4　绩效考核中的问题及对策

在绩效评价过程中，各种主观和客观的因素会导致绩效考核的效果不好。主观因素是由人为因素直接造成的，经过培训可尽量避免和改善，主要包括考核者的心理、行为而导致的偏差，如首因效应、晕轮效应、近因效应、定势误差、居中趋势、偏松或偏紧倾向、压力误差、对照误差、自我对比误差等；客观因素是考核系统导致的，如考核标准不明确、考核方式单一、考核缺乏高级管理层的支持、考核过程形式化、考核缺乏沟通、考核结果无反馈、考核与人力资源管理的其他环节脱钩。正是以上误区使得公司的绩效管理始终处于一个较低的层面，浪费了大量的人力和物力，却得不到预期的效果，导致员工以及管理层对其失去了信心，进而造成整个管理上的恶性循环。因此，我们必须明确绩效管理的理念、纠正对绩效管理的错误认识，尽快走出误区，使绩效管理发挥其应有的作用。

1. 绩效考核标准不明确

这是造成绩效评价工具失效的常见原因之一，解决这种问题最好的办法是用一些描述性的语言来对考核标准加以界定。如果可能的话，最好能进一步就每一评价要素的等级做出区分、说明。

2. 首因效应

首因效应也称作第一印象误差，指考评者对被考评者的第一印象对考评结果的影响过大而导致的误差。解决办法：一是考评者要有意识地克服先入为主的印象；二是以客观的绩效目标的完成情况作为考评依据。

3. 晕轮效应

晕轮效应是指人们在对其他人做出评价时候，如果对某一方面的评价较高或较低时，往往会对此人的所有其他方面的评价都偏高或偏低。在实践中解决这一问题的有效办法是,一是以客观结果作为考评依据;二是加强对考评者的培训。

4. 近因效应

人们对近期发生的事情的印象往往比较深刻,而对较久之前发生的事情的印象比较淡薄,在绩效考评中也经常会发生这种情况,即评价一个人时,只看其近期的表现,因而造成考评误差,这就是近因效应误差。管理者要做好日常的考核记录,从整个考评期的角度衡量一个人的绩效。

5. 定势误差

人们根据过去的经验和习惯的思维方式,在头脑中形成对人或事物的不正确看法,从而导致考评中出现误差。解决定势效应的有效办法是以客观业绩结果作为考评依据。

6. 居中趋势

居中趋势也叫中心化趋势误差、平均倾向。这意味着不管干得好干得坏,所有员工都被简单地评定为"中"的等级。有效避免这种情况发生的方法就是采用排列法或强制分布法。

7. 偏松或偏紧倾向

上级有时会对下属的工作业绩做偏高或偏低的评价。避免这种问题的办法就是采用排列法或强制分布法。

8. 压力误差

当考评人了解到考评结果会与被考评人的重大利益有直接关系,或惧怕在考评沟通时受到被考评人的责难,考评人可能会出于压力做出偏高的考评。避免这种误差的办法:一是对考评结果的用途进行保密;二是通过培训让考评人掌握考评沟通的技巧。

9. 对照误差

考评者把某一被考评者与前一位被考评者(或过去的绩效状况)进行对照,根据自己的印象和偏爱而做出评价,这种结论与被考评者的实际工作情况是有偏差的。解决办法是制定客观的考评标准。

10. 自我对比误差

考评者以自己的标准来衡量考评对象,把自己的性格、能力、作风等与被考评者进行对比,对与自己相似者给予较高评价;相反,对那些与自己不同者,就做出偏低的评价。通过加强对考评者的指导,使其准确地掌握考评标准,同时采取多维度的考评方法,可以避免这种误差。

总之,绩效考核过程中需注意的问题有:

(1)要弄清楚在绩效评价过程中容易出现的问题,有意识地加以避免。

(2)要根据需要正确地选择绩效评价工具,考虑到各个工具分别有其优缺点,可以考虑综合使用几种工具。

(3)要慎重挑选考核者并对考核者进行相关培训。

(4)要排除一些外部因素对绩效评价的影响,比如时间约束的强度、员工流动率的高低等。

◉ 本章小结

常用的评价方法有完成率法、等级评估法、排序法、配对比较法、强制分布法、描述法、行为锚定法和行为观察法等。

常用的绩效考核技术有:目标管理法(MBO)、标杆管理法、关键绩效指标(KPI)、平衡计分卡(BSC)、360 度考核以及目标与关键成果法(OKR)。

在绩效评价过程中,要注意各种主观和客观的因素会导致绩效考核的效果不好。主观因素主要指考核者的心理、行为而导致的偏差,如首因效应、晕轮效应、近因效应、定势误差、居中趋势、偏松或偏紧倾向、压力误差、对照误差、自我对比误差等。客观因素是由考核系统导致的,如考核缺乏标准、考核方式单一、考核缺乏高级管理层的支持、考核过程形式化、考核缺乏沟通、考核结果无反馈、考核与人力资源管理的其他环节脱钩等。

复习与思考

(1)指标评价方法有哪些? 每种评价方法的优点、缺点及适用情况如何?

（2）常见的绩效考核技术有哪些？每种考核技术的优点、缺点及适用的企业条件如何？

（3）平衡计分卡包括哪四个维度？平衡计分卡的实施条件有哪些？

（4）试述360度考核法的适用条件和实施步骤。

（5）试述OKR考核法的内容和实施步骤。

（6）绩效考核中常见的问题和对策有哪些？

○ 课后案例

谷歌的OKR管理

谷歌有项幸福度调查，称为Googlegeist，意为"谷歌精神"。它是授权谷歌员工帮助公司改进管理的最有力的机制之一。Googlegeist的所有结果会在全公司内分享，并将成为第二年谷歌文化和效率提升工作的基础。而对于绩效管理的满意度一直是其中得分最低的部分，于是谷歌开始对其绩效管理体系进行优化。

董事会成员约翰·杜尔将在英特尔取到成功的OKR方法引入谷歌，其中目标必须是具体、可衡量和可检验的，而相关的关键结果要有质量和效率标准，如果能达成所有结果，目标也就实现了。在设定目标时，谷歌会刻意设定非常有野心的目标，正如谷歌创始人拉里·佩奇经常说的："如果你设定了一个疯狂、有野心的目标，哪怕最后没能完成，你也至少能够实现一些了不起的成就。"

谷歌的OKR有年度和季度之别，年度的可以进行适当调整，但季度的一般在确定后就不能改变。在季度开始时，拉里·佩奇会设定公司的OKR，然后自上而下落实到基层，每个团队、每个人都会与公司的OKR进行对比，然后形成自己的OKR。每个员工一般会有4～6个OKR，目标太多则会分散注意力。在谷歌，每个人的OKR在内部都是公开的，所有人都可以看到任何一个团队和个人的OKR，这既是一种动力，也是一种压力，因为如果一名员工的目标与公司OKR偏离太远就会成为大家关注的焦点。而更重要的，这有利于跨团队之间的交流，当一名员工需要其他员工的参与时,可以根据这名员工的 OKR 判断何时以及如何进行协商。

之后,通过月度会议跟踪完成情况。季度会议则会对关键成果进行回顾和调整,一般情况下,目标是不变的,只调整关键成果。对 OKR 进行评价,满分为 1.0,最佳的结果是在 0.6~0.7 之间,如果总是得到 1.0 分,说明 OKR 定得太低,下一季度需要改进。OKR 的评价分数并不是用于发放奖金或惩罚员工,而是帮助员工总结原因,并作为下一季度制定 OKR 的参考。

(资料来源:谷歌内部考核制度 OKR 是怎样的?[EB/OL].(2014 - 1 - 21). https://www.zhihu.com/question/22471467)

 思考题

(1) 谷歌是如何进行 OKR 管理的?

(2) 该案例对企业组织的绩效考核有何启发?

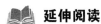 **延伸阅读**

绩效考核要如何跟上时代?

达纳·明巴耶娃不知道今年她的职业评估将会是什么样子,甚至不知道是否会进行评估。她所在的组织让团队负责人自由试验,然后决定是否改变其绩效考核方式。

这再合适不过了,因为明巴耶娃教授正在为哥本哈根商学院研究绩效评估和员工反馈问题。

她的雇主并非唯一对员工评级和评估体系修修改改的雇主。过去 3 年里,许多企业宣布改革(或者已经改革了)它们的绩效考核系统,其中包括通用电气、微软、德勤、埃森哲和思科系统。

评级制度首当其冲。员工早就抱怨,称它们为"评级然后解雇"——在钟形曲线上评分最低的人将被迫走人。它们还会使得团队成员陷入恶性竞争。微软的一位工程师在 2012 年告诉《名利场》:"负责(软件)功能的人将会公开破坏其他人的努力。"微软在一年后放弃了强制评级制度。

即便没有"毒性"，评级体系也可能令人困惑。英国一家咨询公司的一位团队负责人表示，他被要求从 3 个方面给员工评级。"坦率说，其中两个方面我从未弄明白，无论我与人力资源部门讨论过多少次"。

然而，即便此类粗糙的评级制度行将消亡，雇主仍不清楚哪种制度能取代它们。他们发愁的是，如何收集足够信息来决定薪酬和擢升事宜。

绩效管理的整体未来还略微容易预测一些，但年度职业评估正在快速消失。即便它存活下来，也在转变为一套持续反馈的流程。

阿什利·古多尔最初在德勤推出一项新制度，后来去了思科牵头实施类似项目。他表示，公司不再质问你们有 5 档评级还是 7 档评级，或者是如何进行年度评估，他们看的是整个体系。思科一度没有任何传统的评估流程："你可以干脆不这么做，结果天没有塌下来。"

改变的一个理由是，填表和钟型曲线分析的效率极低。德勤的首席人才官迈克·普雷斯顿表示："我们花这么多时间针对一个评级进行提议、辩论和沟通，以至于我们真的没有时间开发人才。"

埃森哲首席执行官的做法去年引发一波赞赏，当时他表示，这家咨询公司"将取消 90% 过去所做的事情"。公司总计有 800 万个小时投入绩效管理，每位员工每年花费在绩效考核上的时间达 21 个小时，其中的 16 个小时只是在走流程。

然而，企业并没有试图在绩效管理上不花费任何时间，相反他们希望重新配置这些时间。通用电气绩效管理专家贾尼丝·森佩尔表示，这家工业集团的管理人员现在花更多时间"指导并推动组织内部决策的下行"——这与前首席执行官杰克·韦尔奇相比有很大的变化，后者曾敦促管理人员绘制"活力曲线"，并迫使任何团队中表现最差的 10% 的员工走人。

改革者相信，较为年轻的员工更乐意定期使用移动 APP 来衡量和更新绩效和目标，而不是等上 12 个月。销售目标设定软件 Better Works 的创始人克里斯·达根说道："想象一下，如果 Fitbit（可穿戴健身追踪器）只是在年末给你发邮件。"

德勤和思科基于咨询公司马库斯·白金汉开发的方法出台了一套绩

效考核项目,这其中包括定期"登记",员工参与度快速调查,以及季度绩效"快照"。通用电气将定期讨论称为"触点";非正式反馈会议称为"洞察力"。

透明度是另一个在最新评估方法中常见的元素。埃森哲希望到今年年中对其 37.3 万名员工作出一次全面调整,要求各团队分享优势、商定工作重点,并根据对工作进展情况的公开评估进行调整。公司也在试图将反馈和绩效评估责任下放到较小单位,相信同僚更善于迅速发现后进者,并做出应对。

埃森哲推出一项试点项目,把薪资决定权交给各个团队,其中一些团队只有 30 人。该集团首席领导力和人力资源官埃琳·舒克承认:"这是我以前感到有些紧张的地方,因为我们不想让奖酬变得毫无规则可循。"

批评者质疑这些改革是否聚焦于正确的问题,因为人类喜欢反馈而憎恶评级的事实并不新鲜。当年推动日本制造业质量发生革命性转变的美国管理专家威廉·爱德华兹·德明在 20 世纪 80 年代就写道,评级"培育了短期业绩,搞砸了长期规划,滋生了不安、摧毁了团队合作,助长了对立和政治"。

德明的追随者相信,公司应该纠正有问题的工作方式,而不是纠结于注定各有不同的个人表现。德明顾问、咨询师凯利·艾伦表示,应该取消正式的评级制度,他说:"一旦你听到自己在总分五分的尺度上得到三分,你就听不到其他东西了。"

通用电气正在收集 3 万名员工的看法,这些员工近期体验了一个没有评级的世界。森佩尔表示,其新的绩效谈话"动量巨大",大家认为评级可能损害这一过程。按照通用的做法,她相信团队负责人将有更多恰当奖励员工所需的数据。同样的理念启迪着思科和德勤的项目,这些项目产生了有关团队业绩的散点图表,而非单个数字,让经理们发现异常值,并且更为公平、准确地评估个人表现。

然而,人们可能很难改变旧日的习惯。埃森哲的反馈表明,团队负责人仍想要一个框架帮助他们分配薪酬,舒克将这种框架称为"围栏"。一些团队负责人在旧制度下长大,他们可能抵制这种变化。欧洲某家大型公司的一位人事高管表示,习惯于旧制度的经理们只是使用新的持续反馈工具来记录传统的年度评估。提供此类工具的 SAP Success Factors 的史蒂夫·亨特表示,有一家公司在废除评级体系后在重组员工方面陷入了困境。他说:"他们最终问道'我们可以用薪酬增加作为(个人业绩的)代表吗?'这简直是疯了。"

明巴耶娃教授表示,只要绩效管理机制符合企业战略,而且得到每个人认可,那么它们的具体结构并不重要。她指出,丹麦经理已经使用MUS——丹麦语"员工发展谈话"的缩写——这种结构。当他们看到跨国公司的改革计划时,他们耸耸肩说道:"有什么新东西吗?"根据她在商学院进行的绩效管理实验,"如果他们最终确定采用一套只是略有不同的制度,我不会感到意外"。

(资料来源:绩效考核要如何跟上时代?［EB/OL］.(2016－8－3).https://max.book118.com/html/2016/0803/50092586.shtm.)

5

绩效反馈与面谈

● 学习目标

（1）了解绩效反馈的意义；

（2）掌握绩效反馈面谈的步骤；

（3）掌握绩效反馈面谈的方法；

（4）了解绩效反馈面谈过程中应该注意的问题。

● 引例

通用电气的末位淘汰制度

每年,通用电气公司（GE）都要对员工进行业绩评估,将员工划分为A、B、C三级。A级是表现最好的前20%的员工；B级是表现较好或一般的员工,占70%；C级是表现欠佳的10%员工。如何激励不同员工,GE有自己独到的方法。

A级：充分发展。对于这20%最优秀的员工,GE会为他们制订详细的培训计划,为他们提供更广阔的发展空间。GE前首席执行官杰克·韦尔奇认为,失去A级员工是一种罪过。所以,对A级员工,GE会热爱他们,拥抱他们,亲吻他们。是的,他们是GE的"超级明星"。

B级：GE同样离不开这类员工,他们毕竟占70%的比例,他们是公司的主体,也是GE业务成败的关键。这部分员工同样可以得到培训与提升的机会,但GE鼓励他们努力进入A级。GE通过成熟的奖励制度来支持

A级、B级员工,给他们增加工资、股票期权、职务晋升,但A级员工得到的奖励肯定要比B级高得多,这就是"区分"。

C级:每年总会有10%的员工表现欠佳,他们必须快速调整状态,找出原因并迅速赶上,争取进入70%部分并继续进步。若他们在3~6个月内仍然不能适应GE的前进步伐,就会被辞退。

GE不允许不全力以赴工作的平庸之辈拖公司后腿,这看起来有些不讲人情,但其实这正是GE尊重人才的表现。GE认为,必须为所有员工创造公平的竞争环境,为每个员工提供均等的发展机会。杰克·韦尔奇认为,10%淘汰制不是一种"残酷",恰恰相反,这是对员工的"仁慈",让其待在一个不能成长和进步的环境里才是"假慈悲"。

所以,GE愿意尽早告诉这些落后员工,可能你不符合GE的文化和价值观,是否到其他公司寻求更好的发展。按照这种管理方法,杰克·韦尔奇曾经辞退了许多高层管理者,甚至现任首席执行官杰夫·伊梅尔特都感受到过这种压力。当年,他负责GE医疗系统时,有一年业绩不太好,韦尔奇告诉他,我们都很喜欢你,但如果明年你的业绩还不好,我们就必须采取行动了。结果,第二年伊梅尔特的业绩又重新做了上去。所以,每一个GE人都在这种文化之下,平等地面对公司的评估,面对危机与挑战。但是,离开GE的那10%的人并不能说就是失败者,事实上,许多离开GE的高层管理者后来成为全球500强公司的CEO,许多离开GE的员工也成为全球500强公司争相抢夺的对象。

(资料来源:李敏.绩放管理理论与实务[M].上海:复旦大学出版社,2015.)

5.1 绩效反馈概述

绩效反馈是绩效管理的关键一步,是指由员工和管理人员一起回顾和讨论考评结果的过程。如果不将考核结果反馈给被考评的员工,考核将失去极为重要的激励、奖惩和培训的功能,因此,绩效反馈对绩效管理起到至关重要的作用。

1. 绩效反馈的定义

绩效反馈是一个双向的动态过程,它主要通过考核者与被考核者之间的沟通,就被考核者在考核周期内的绩效情况进行反馈,在肯定成绩的同时,找出不足并加以改进。被考核者在绩效反馈过程中,可以对考评结果予以认同,如有异议可以向公司高层提出申诉,最终使绩效考核结果得到双方的认可。

2. 绩效反馈的意义

绩效反馈在考核者和被考核者之间架起了一座沟通的桥梁,使考核公开化,确保考核的公平和公正。绩效反馈可以排除目标冲突,有利于增强企业的核心竞争力,是提高绩效的保证。

很多企业错误地把绩效考核当作绩效管理,认为填写完绩效考核表格、算出绩效考核分数、发放绩效工资,绩效管理的任务就完成了。其实,绩效管理的首要目的是为了提高绩效,应该让员工知道自己的绩效状况以及管理者对自己的期望,因此绩效反馈面谈这个环节必不可少。

1)绩效反馈有利于正确评估员工的绩效

绩效考核结果只是代表管理人员对员工的评价,而员工可能会对自己的绩效持有不同的见解。如果管理人员将自己的评价强加到员工身上,无论其正确与否,都将会影响员工的积极性。因此管理者和员工进行绩效沟通,对员工的绩效表现达成一致看法是非常重要的。

2)绩效反馈使员工正确认识自己的绩效

每个人都有长处和短处,关键是如何正确认识自己。绩效反馈的一个很重要的内容就是肯定员工的成就和优点,从而对员工起到积极的激励作用。有效的绩效反馈可以使员工真正认识到自己的潜能,从而知道如何发展自我。

人无完人,绩效提升无止境。一个称职的管理者,一定会发现员工目前的不足之处,给员工的工作提出意见和建议,因此促使员工的绩效进一步提升同样是绩效反馈的重要内容。

一般来讲,员工不只是想听到肯定和表扬的话,他们需要管理者明确指出工作中有待改进的方面并提出建设性的意见和建议。

3）绩效反馈保证绩效考核的公开、公正性

绩效反馈可以使员工相信绩效考核是公平、公正和客观的，否则员工就有可能怀疑绩效考核的真实性。绩效反馈可以促使管理者认真对待绩效考核工作，而不是仅凭个人好恶来进行考核。

4）制订绩效改进计划并确定下一周期的绩效目标

员工和管理者对绩效评定的结果达成一致后，可在绩效考核中一同制订绩效改进计划。员工提出自己的绩效改进计划并向管理者提出需要的资源支持；管理者和员工应该充分讨论改进计划的可行性并协助员工制订具体的行动计划。

绩效管理是一个循环往复的过程，绩效反馈环节的顺利结束意味着一个新的绩效管理周期的开始。因此上一周期的绩效反馈面谈经常和下一周期的绩效计划制订面谈同时进行。管理者与员工可以根据上一绩效期间的绩效结果并结合绩效改进计划来制订下一绩效期间的绩效目标。

3. 绩效反馈的分类

1）按照反馈方式分类

绩效反馈一般通过语言沟通、暗示以及奖励等方式进行。语言沟通是指考核人将绩效考核通过口头或书面的形式反馈给被考核者，对绩效良好者加以肯定，对业绩欠佳者予以批评。暗示方式是指考核者以间接的形式（如上级对下级的亲疏）对被考核者的绩效予以肯定或否定。奖惩方式是指通过货币（如加薪、奖金或罚款）及非货币（如提升、嘉奖或降级）形式对被考核者的绩效进行反馈。

2）按照反馈中被考核者的参与程度分类

根据被考核者的参与程度，绩效反馈可以分为三种：指令式、指导式、授权式。

指令式的主要特点是管理者只告诉员工：他们所做的哪些是对的，哪些是错的；他们应该做什么，下次应该做什么；他们为什么应该这样做，而不应该那样做。员工的任务是听、学，然后按管理者的要求去做事情。指导式以教与问相结合为特点。这种方式以管理者和员工同时为中心，管理者对所反馈的内容更感兴趣。授权式的特点是以问为主、以教为辅,完全以员工为中心。管理者主要对员工回答的内容感兴趣,而较少发表自己的观点,而且注重帮助员工独立地找到解决问题的办法。

3) 按照反馈的内容和形式分类

内容和形式是决定一个事物的最主要的两个方面。采取何种反馈方式在很大程度上决定着反馈的有效与否。根据反馈的内容和形式,绩效反馈分为正式反馈和非正式反馈两类。正式反馈是事先计划和安排的,如定期的书面报告、面谈、有经理参加的定期小组或团队会等。非正式反馈的形式也多种多样,如闲聊、走动式交谈等。

5.2　绩效反馈面谈

1. 什么是绩效反馈面谈

绩效反馈面谈指在绩效管理过程中,绩效评估结果确定后,部门主管与员工针对绩效评估结果,与员工进行面对面的交流与讨论,从而指导员工持续改进工作绩效的一项管理活动。绩效反馈面谈是绩效反馈的黄金法则。

1) 绩效反馈面谈的目的

(1) 使员工正确认识自己的绩效,保证绩效考核的公开、公正;

(2) 有助于使员工明确自己的长处与不足,提高自主管理能力;

(3) 有助于员工制订改进计划,提升员工的个人能力与绩效;

(4) 有助于明确下一阶段的绩效目标,推动绩效管理的执行和优化;

(5) 有助于拓展上下沟通的渠道,找出影响部门绩效的原因;

(6) 有助于达成绩效目标的一致性,推动组织目标的实现。

2) 绩效反馈面谈的重要地位

绩效反馈面谈是一种正式的沟通方法,是绩效反馈的主要形式,正确的绩效反馈面谈是保证绩效反馈顺利进行的基础,是绩效反馈发挥作用的保障。

通过绩效反馈面谈,被评估者可以了解自身的绩效,强化优势,改进不足,也可传递企业的期望、目标和价值观;通过绩效反馈面谈,企业可以提高绩效考核的透明度,突出以人为本的管理理念和企业文化,增强员工自我管理意识,充分发挥员工的潜在能力等。成功的绩效反馈面谈在人力资源管理中可以起到双赢的效果。

小专栏 5-1

小 王 的 困 惑

小王在一家私营公司做基层主管已经有 3 年了。这家公司之前不是很重视绩效考评,但是依靠自己所拥有的资源,公司发展得很快。去年,公司从外部引进了一名人力资源总监,至此,公司的绩效考评制度才开始建立起来,公司中的大多数员工也开始知道了一些有关绩效管理的具体要求。

在去年年终考评时,小王的上司要同他谈话,小王很是不安,虽然他对自己一年来的工作很满意,但是不知道他的上司对此怎么看。小王是一个比较"内向"的人,除了工作上遇到问题,他不是很经常地和上司交流。在谈话中,上司对小王的表现总体上来讲是肯定的,同时指出了他在工作中需要改善的地方。小王也同意此看法,他知道自己有一些缺点。整个谈话过程是令人愉快的,离开上司办公室时小王感觉不错。但是,当拿到上司给他的年终考评书面报告时,他感到非常震惊,并且难以置信,书面报告中写了问题、缺点等很多负面的东西,而他的成绩、优点等只有一点点。小王觉得这样的结果好像有点"不可理喻"。

小王从公司公布的"绩效考评规则"上知道,书面考评报告是要长期存档的,这对小王今后在公司的工作影响很大。小王感到很是不安和苦恼。

(资料来源:绩效考评案例:绩效面谈的苦恼[EB/OL].(2015-02-17).http://www.yjbys.oom/news/351082.html.)

2. 绩效反馈面谈的步骤

1）面谈计划的拟定

（1）面谈方式的选择。面谈方式主要有两种：针对公司各部门中的任务团队，宜采取团体面谈法；针对个人则采用一对一的面谈方法。

（2）面谈时间的确定。对于季度考核，应在考核结束一周之内安排面谈，面谈时间不少于30分钟；对于年度考核，应在考核结束一周之内安排面谈，面谈时间应不少于1个小时。

2）资料准备

（1）绩效计划。这是公司与员工就任务目标所达成的共识与承诺，也是绩效反馈的重要信息来源。

（2）职位说明书。员工的工作有可能发生了改变，有可能增加了一些当初制定绩效目标时没有预料到的内容，也有可能删减了一些因为各种原因而没能组织实施的项目，这个时候，职位说明书作为必要的补充将发挥重要的作用。

（3）绩效考评表。这是进行面谈的重要依据。

（4）绩效档案。这些是做出绩效评价的重要辅助材料。

3）员工准备

由于面谈是主管和员工共同完成的工作，只有双方都作了充分的准备，才能达到良好的效果。所以，在下发面谈计划时，还要将面谈的重要性告知员工，让员工做好充分准备。例如，要求员工主动收集与绩效有关的资料，资料要实事求是，明确具体，使人心服口服；同时，还要认真填好自我评估表，其内容要客观真实、准确清晰。

4）开发有效的反馈技能

常用的技巧有汉堡法、BEST法。

（1）汉堡法。汉堡的最上面一层面包如同表扬，中间夹着的馅料如同批评，最下面的一块面包最重要，即要用肯定和支持的话语结束。

应对成就给予真心的肯定，发现值得表扬的优点，千万别说"你这个人不行"，以建立融洽的气氛；要诚恳指出不足和错误，提出让员工能够接受的要求，去除员工的抵触心理，表达出对员工的信赖和信心；最后以肯定和支持结束,和员工一起制订绩效改进计划,表达对员工未来发展的期望。

(2) BEST 法。B 表示 behavior description,即描述行为,第一步描述要干什么事;E 表示 express consequence,即表达后果,表述干这件事的后果是什么;S 表示 solicit input,即征求意见,问员工觉得应该怎样改进,引导员工回答,由员工说怎么改进;T 表示 talk about positive outcomes,即着眼未来,与"汉堡"原理的最低层面包一样,员工谈他怎么改进,管理者就鼓励他,以肯定和支持结尾。

小专栏 5-2

绩效反馈面谈"10步走"

第1步:营造和谐气氛。

第2步:说明面谈的目的、步骤和时间。

第3步:根据预先设定的绩效指标,讨论员工的工作完成情况。

第4步:分析失败与成功的原因。

第5步:讨论员工行为表现与组织价值观的符合情况。

第6步:讨论员工在工作能力上的强项和有待改进的方面。

第7步:讨论员工的发展计划。

第8步:为员工下一阶段的工作设定目标和绩效指标。

第9步:讨论员工需要的资源与帮助。

第10步:双方签字认可。

(资料来源:绩效反馈面谈[EB/OL].(2012-10-24).http//doc.mbalib.oom/view/bdda472fge43cfb6fc5b2ca73ag.html.)

3. 绩效反馈面谈过程中应该注意的问题

管理者只有掌握一定的沟通技巧,获得员工的认可与信任,才能达成共识。管理者在绩效反馈面谈中应该注意以下问题:

(1)重视面谈的开始方式。许多管理者并没有认识到面谈开始方式的重要性,往往急于切入主题。实际上,最初的几分钟谈话往往决定面谈成功与否。因此,开场白的设计至关重要,管理者要给予足够的重视。

(2) 及时调整反馈的方式。管理者在与面谈对象沟通的过程中,要根据实际情况的变化及时调整反馈方式。指示型是比较传统的反馈模式,管理者急于解决问题,或者把自己看作权威并主张控制,就会采取这种反馈方式。与指示型相比,指导型和授权型需要更多的时间。指导型是一种教与问相结合的方式,管理者向下属解释并询问下属的想法,并在适当的时机纠正下属的错误思想。授权型方式以下属回答为主、以解释和纠正为辅,管理者实际上主要起引导作用。

(3) 强调下属的进步与优点。绩效反馈面谈往往不受欢迎的一个重要原因在于,面谈中难免要谈论下属在上阶段工作中的失误,如果管理者没有良好地掌握沟通技巧,很容易将面谈变成对下属的批评和指责,造成下属的抵触和反感。而鼓励和表扬则是赢得下属的合作的好方法。只有充分激励下属,才能真正实现绩效反馈的目的。对于下属做得好的地方不能一带而过,而应当花一些时间进行讨论。赞扬不仅可以使下属保持好的工作作风,还可以激励下属进步。对于绩效不良的方面,也不能一味批评,而应当肯定下属的努力和贡献。

(4) 注意倾听下属的想法。绩效反馈面谈是个双向沟通的过程。即使采用指示的方式,也需要了解下属的真实想法与心理。真正有效的沟通都不能忽略倾听的重要性,来自下属的信息是十分重要的。倾听有助于管理者全面了解情况,印证或改变自己的想法。平衡讲述与倾听之间的关系是进行反馈面谈的要义,而衡量这种平衡的最好标准就是看是否调动了下属的积极性,是否赢得了下属的合作。管理人员在面谈时要学会倾听,鼓励面谈对象大胆说出自己的想法,在倾听中予以积极回应,不要轻易打断下属,更不要急于反驳。

(5) 坦诚与平等应该贯穿于面谈的始终。因为绩效评价结果的应用涉及薪酬、晋升等比较敏感的问题,所以管理者在与下属进行面谈的过程中会有所顾忌,有时甚至会回避问题与矛盾。但是这种隐瞒的方式并不能解决任何问题,最好的方式就是坦诚相见,直接向下属展示评价表格。同时,管理者应当清楚自己和下属对错误负有同等的责任,而且自己的判断与实际情况之间也会出现偏差。当发现问题或认识出现偏差时,管理者应当坦率地承认,这种态度将会有助于与下属进行进一步的沟通,并解决问题。

(6)避免冲突与对抗。冲突与对抗可能会彻底摧毁下属对管理者的信任,导致下属对管理者产生抵触情绪。双方一旦产生隔阂,就不仅仅造成一次面谈的失败,很可能会影响今后工作中的合作。因此,当面谈中出现不同意见时,管理者不能用领导的权威对面谈对象进行压制,而应就有不同见解的问题与面谈对象进行耐心的沟通,争取得到理解,同时要站在对方的立场,设身处地为其着想,争取在平和的氛围中就争议问题达成共识。

(7)形成书面记录。人力资源管理部门提供的各类计划和表格并不一定涵盖面谈中会涉及的全部问题。面谈中双方可能谈到工作中的许多问题,因此需要记录面谈的过程并形成书面文字。这样一方面方便组织管理正式文件,另一方面也能让下属感受到面谈的正式程度和重要性。

● 本章小结

绩效反馈的重要性长期以来都被忽视,如果不将考核结果反馈给被考评的员工,考核将失去极为重要的激励、奖惩和培训的功能。因此,绩效反馈对绩效管理起到至关重要的作用。绩效反馈是绩效管理过程中的一个重要环节。它主要通过考核者与被考核者之间的沟通,就被考核者在考核周期内的绩效情况进行反馈,在肯定成绩的同时,找出工作中的不足并加以改进。

根据不同的依据,绩效反馈有不同的分类方式。根据被考核者的参与程度分为三种:指令式、指导式、授权式。

绩效面谈是绩效反馈的一种正式沟通方法,是绩效反馈的主要形式,正确的绩效面谈是保证绩效反馈顺利进行的基础,是绩效反馈发挥作用的保障。

企业可以通过汉堡法和 BEST 法来改进绩效面谈的效果。汉堡法简单地说就是,最上面的一层面包如同表扬,中间夹着的馅料如同批评,最下面的一块面包最重要,即要用肯定和支持的话语结束。而在 BEST 法中,B 就是描述行为,即第一步描述要干什么事;E 就是表达后果,表述干这件事的后果是什么;S 就是征求意见,问员工觉得应该怎样改进,引导员工回答,由员工说怎么改进;T 和"汉堡"原理的最低层的面包的意思一样,就是以肯定和支持结束。

 复习与思考

(1)谈一谈绩效反馈的意义。

(2)谈一谈绩效反馈面谈的步骤。

(3)绩效反馈面谈的方法有哪两种,它们是如何实施的?

(4)绩效反馈面谈过程中应该注意哪些问题?

◎ 课后案例

案例分析:有效的绩效评估和无效的绩效评估

1. 有效的绩效评估

下面是一个有效的绩效评估的例子。注意一下员工对管理者的评估是如何作出反应的,尤其是在关键方面。

经理:嗨,迈克,见到你很高兴,最近怎么样?

迈克:不错,谢谢你,凯若琳。我正盼望着下周的公司野餐呢!

经理:很好!迈克,你知道,这是我们对你工作的年度评估。我们已经看了你的工作说明书,作了一些改动,也看了你的自我评定。今天,我就你的工作谈谈我个人的看法,你有充足的机会来提问。然后,我们来谈谈你下一年的工作目标,制定衡量工作成绩的标准。目前你有什么问题吗?

(通过公开真诚、公平地与员工讨论其工作的积极与消极方面,可以减少发生冲突的风险。)

迈克:在这点上没有问题。

经理：今年你承担了一些额外的工作，改进了客户服务部门的工作，不但减少了客服电话的响应时间，还提高了服务水平，在这两个方面你做得都不错。客服电话的响应时间已经从原来的4分钟减少到了如今的2.5分钟，因第一次没能得到及时处理而第二次打进电话的顾客人数已减少了20%。很高兴看到你的成绩，可是我想跟你谈谈在这方面的交流技巧。

迈克：有问题吗？

经理：嗯，上个月我跟你提过，为你工作的几个人抱怨说你在布置工作任务时，用的是命令的口气，而不是在工作开始前征求他们的意见，并达成一致。在开始工作前，部门里有一半的人在抱怨，这对工作很不利。

迈克：听到这些我很感意外！我一直在为自己的工作而自豪，我相信他们每个人也都是这样。实际上，他们也感到很骄傲，但听你这么一说，好像我的工作方式不太恰当。上次听了你的建议后，现在我们每周都开一次会来解决出现的问题，并让部门的每个人都了解目标。

经理：很好。很高兴你能思考出一些积极的办法，现在，我们来谈谈你下一年的目标。通过调查分析，我们认为订货者花费在下单上的时间太长了。我们还不清楚怎样才能减少订货时间，提高效率，我希望你想出一个解决方案。

迈克：最近我也一直在思考这个问题。我真的希望能更新我们的计算机系统，这有利于缩短与顾客的通话时间。我注意到我们的系统时不时失灵，我的小组已讨论了这个问题，但不知如何更新。

经理：听起来不错，很高兴你能主动地提高小组管理技能。你计划如何评价团队的业绩？

迈克：我们都知道在电话上处理订单的时间是6分钟，我们认为如果重新设计一下，我们会把处理时间减少到4分钟，这就等于减少了下一个客户的等待时间。

经理：这个想法听起来不错，我们确实应该像你所说的那样修改绩效计划。请随时与我保持联系，有什么需要尽管告诉我。我们一个月后再见面，看看情况如何，你觉得怎么样？

迈克：很好！

经理：迈克，你为公司的成功做出了很大贡献，显示了你非凡的计划和组织才能。对于你应该在团队建设和交流技巧方面下点功夫这一点我们也已达成共识，况且你已经开始了。对你的工作我感到非常满意！

迈克：到底是什么意思？这对我下一年的薪水有影响吗？

经理：我会在下周跟你谈谈薪水和奖金的事，请放心，你的努力会得到回报的。迈克，你的成绩处于中上水平。

迈克：谢谢你，凯若琳。

2. 无效的绩效评估

下面是无效的绩效评估的例子。注意一下管理者不恰当的行为举止，她给人的印象只是想快点结束评估，并不关心员工的情况。

经理：嗨，迈克，听着，我知道绩效评估对你来说很重要，但我没时间详细跟你说，现在就开始吧。

迈克：凯若琳，我想谈谈……

经理：迈克，我真的没时间回答任何问题或者进行任何讨论。首先，出勤情况，因为看起来你上班还比较正常，给你 5 分；你的技能，哦，就给 3 分，不是太好；生产率，我觉得给你 2 分就够了，我希望你提高速度；你的交流技巧也有待提高，看起来你从来没有向我清楚地表达过你的意思，给你 3 分。迈克，总之，我觉得你的成绩一般，你在某些方面还不错，但是要注意上面提到的那些问题。给你加薪 3%。

迈克：凯若琳，关于我下一年的目标和你的期望我有些问题，你能给我两分钟的时间谈谈吗？

经理：我说了，我确实没时间，你可以给我写个便条或者发电子邮件。

迈克：我想也没有别的办法了，下周我会跟你联系的。

经理：就这样吧。

 思考题

请对以上绩效评估进行评价。

提示：

在第一个绩效评估中，一开始就可以看出经理对迈克很友好，并对他的工作进展状况很感兴趣。与员工聊天通常是打破僵局的一个良好策略。然后经理对评估过程做了大致的概括,并告诉迈克在评估过程中他可以提出任何疑问。让员工对评估有个大致的了解,可以让他们对将要谈论的事做好思想准备。员工需有这样的感觉,即通过公开的交流,他们有机会影响你对他们工作业绩的评估。

下一步就是从迈克的积极表现及其取得的成果入手,开始真正的评估。在讨论过程中,经理用其他员工的反馈把迈克的注意力引向其不足之处。很明显,她以前已经跟迈克谈过这件事,这次是提醒迈克这个问题很重要。她不但巧妙地提出了这个问题,而且给了迈克机会,让他可以提出改正问题的方案(如果有的话)。

对于绩效目标的制订,经理是从让迈克想办法解决一个问题开始的。让迈克参与目标的制订,不但让迈克对完成目标的方法心里有底,而且让他了解目标完成情况的衡量标准,从而使迈克承担起了完成目标的责任。

在评估结束时,经理把迈克定位为中上等水平的员工,并暗示迈克他的薪酬和奖金会与其业绩挂钩。评估后,迈克了解到他对于公司的重要性以及下一年的目标。

本评估的成功是建立在双方良好的互动的基础上的,当然同样重要的是,经理为评估所作的精心的准备。

第二个评估就没有一个良好开端,一开始经理就暗示员工她希望尽快结束对话。她拒绝回答迈克的问题,甚至不让迈克参与这个过程。

经理显然没有认真考虑如何才能更好地进行评估。她无理由地要求迈克把他的问题写便条或发电子邮件给她,给人留下这样一种印象,即她没有耐心与迈克面对面地制定目标和思考改进工作的方法。显然以这种方式进行评估,经理很难为公司创造一种良好的工作环境,迈克根本没有改进工作的积极性,说不定他很有可能到别处去找一份工作。如果迈克真的离开公司,公司将需要花费大笔费用来招聘和培训替代者。

(资料来源:鲍勃·亚当斯.用人之道:领导员工创造卓越[M].刘兰华,译.上海:上海人民出版社,2002年.)

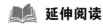 **延伸阅读**

绩效反馈面谈表

被面谈人姓名		部门		岗位	
面谈人		面谈时间		面谈地点	
面谈方式		□一对一面谈 □绩效会议			

绩效面谈内容

一、考核周期内员工绩效情况回顾。（上级引导，告知员工本考核期内的绩效考核分数）

二、考核周期内员工的突出业绩或卓越表现。（由上级填写）

三、考核周期内员工工作中存在的不足及需要提升的技能或能力。（由上级填写）

四、考核周期内工作中相对薄弱的部分，计划采取的解决方法及上级的指导意见。（由员工填写）

五、在下一考核周期内完成工作目标所存在的困难或需要协调的事项以及上级对于员工需求的承诺与反馈。（由员工填写）

直属上级签字： 日期：	被面谈人签字： 日期：

（资料来源：方振邦，唐健.战略性绩效管理［M］.北京：中国人民大学出版社，2018.）

绩效考核结果应用

（1）了解绩效考核结果应用的原则；

（2）了解绩效考核结果应用存在的问题；

（3）掌握绩效差距分析的四因素法和三因素法；

（4）掌握绩效考核结果的范围。

引例

A公司的绩效考核

A公司成立于20世纪50年代初，经过近50年的努力，在业内已具有较高的知名度并获得了较大的发展。目前公司有员工一千名左右。总公司本身没有业务部门，只设一些职能部门；总公司下设有若干子公司，分别从事不同的业务。在同行业内的国有企业中，该公司无论在管理上还是在业绩上，都是比较不错的。由于国家政策的变化，该公司面临着众多小企业的挑战。为此公司从前几年开始，一方面参加全国百家现代化企业制度试点；另一方面着手从管理上进行突破。

绩效考核工作是公司重点投入的一项工作。公司的高层领导对此非常重视，人事部具体负责绩效考核制度的制定和实施。人事部在原有的考核制度的基础上制定出了《中层干部考核办法》。在每年年底正式进行考核之前，人事部会再出台当年的具体考核方案，以使考核达到可操作化的程度。

考核小组通常由公司的高层领导与相关的职能部门人员组成。考核的程序通常包括被考核者填写述职报告,在自己单位内召开全体职工大会进行述职、民意测评(范围涵盖全体职工),向科级干部甚至全体职工征求意见(访谈),考核小组进行汇总、写出评价意见并征求主管副总的意见后报公司总经理。

考核的内容主要包含三个方面:被考核单位的经营管理情况,包括该单位的财务情况、经营情况、管理目标的实现等方面;被考核者的德、能、勤、绩及管理工作情况;下一步的工作打算,重点努力的方向。具体的考核细目侧重于经营指标的完成以及个人的政治觉悟、思想品德水平,对于能力的定义则比较抽象。各业务部门(子公司)在年初与总公司对于自己的任务指标都进行了"讨价还价"的过程。

对中层干部的考核完成后,公司领导会在年终总结会上进行说明,并将具体情况反馈给个人。尽管考核方案明确考核与人事的升迁、工资的升降等方面挂钩,但最后总是不了了之,没有任何下文。

对一般员工的考核则由各部门的领导掌握。子公司的领导通常考核下属业务人员的经营指标完成情况(该公司中所有子公司的业务员均有经营指标的任务);对于非业务人员的考核,无论是总公司还是子公司均由各部门的领导自由进行。通常的做法都是到了年终要分奖金了,部门领导才会对自己的下属做一个笼统的排序。

这种考核方法的员工卷入程度较高,颇有点儿声势浩大、轰轰烈烈的感觉,在第一年获得了比较大的成功。由于征求了一般员工的意见,他们觉得受到了重视,感到非常满意。领导看到该方案得到了大多数人的支持,也觉得满意。但是,被考核者认为自己的部门与其它部门相比,历史条件和现实条件不同,年初所定的指标也不同,觉得这种考核方式不公平,心里还是不服。考核者尽管需访谈三百人次左右,忙得团团转,但由于大权在握,体会到考核者的权威,还是乐此不疲。

到了第二年,大家已经丧失了第一年时的热情。第三年、第四年进行考核时,员工考虑到业绩差或业绩好并没有任何区别,只是把考核当作领导布置的任务,敷衍了事,而且年年都是那套考核方式,没有新意,失去积极性。

6.1 绩效考核结果应用的原则与问题

考核者与被考核者对绩效考核结果达成一致意见后,就可以根据具体情况形成绩效改进计划了。比如,员工能力需要提高,就要安排相关的培训;员工态度需要改善,就要说服并鼓励他采取正确的态度;意外事故影响了员工的业绩,就要给予谅解和帮助,及时帮助其排忧解难。目前,绩效评价结果主要应用在绩效诊断与改进以及招募与甄选、职位变动、培训与开发等方面。

1. 绩效考核结果应用的原则

1) 以人为本,促进员工的职业发展

绩效评价的根本目的在于调动员工工作的积极性,进而实现企业的整体目标。为此,评价者必须向员工个人反馈评价的结果,向他们提供已达到或未达到预定目标的信息。反馈的立足点和方式要坚持"以人为本",以诚恳、坦诚、员工乐于接受的方式,让员工了解到自己的成绩与不足,更加清楚自己的努力方向和改进工作的具体做法,从而促进员工的发展。

2) 将员工个体和组织紧密联系起来,促进员工与企业共同成长和发展

企业的发展离不开员工个体的成长。企业不能单方面要求员工修正自己的行为和价值观等来适应组织的需要,企业要对员工的职业生涯规划进行指导与管理,将员工发展纳入组织管理的范围,从而实现组织与个人共同成长。因此,企业在评价员工的工作绩效时,要注意评价员工所在的各级组织的绩效,避免个人英雄主义,增强全局观念和集体观念,使员工意识到个体的高绩效与企业的高绩效紧密相关,个人的目标和企业的目标紧密相关,个人的成长和企业的成长自然也就紧密地联系在一起,个人应为企业实现目标做出贡献,同时在企业的发展成长中得到发展和成长。

3) 统筹兼顾，综合运用，为人事决策提供科学依据

绩效评价结果可以为员工的合理使用、培养、调整、优选、薪酬发放、职务晋升和奖励惩罚等提供客观依据，从而规范和强化员工的职责和行为。同时，促进企业人事工作，不断强化员工的选聘、留用或解聘、培训、考核、晋升、奖罚，建立完善的竞争、激励、淘汰机制。

2. 绩效结果应用的问题

1) 绩效评价结果反馈不及时或没有反馈

目前，在我国的企业绩效评价实践中，许多管理人员不愿意向员工提供消极的反馈意见，担心员工的缺点被指出来后，会进行自我辩护。事实上，确实有些员工不虚心接受反馈意见，反而指责管理者的评价结果有问题或者责备别人。有研究表明，人们对自己的绩效评价往往估计过高，认为自己的绩效高于平均水平的员工占 75%。但要看到，由于对绩效评价反馈存在着一定程度的担忧而不实施评价反馈，其副作用更大。由于缺乏积极的结果反馈，员工既无从申辩说明或进行补充，也无从了解自身表现与组织期望之间的吻合程度。结果员工并不知道自己的哪些行为是企业所期望的，哪些行为是不符合企业组织目标的，更不用说如何改进自己的工作。事实上，经常评价员工绩效并及时对员工个人进行反馈，会让员工认为管理者熟悉他们的工作绩效，并根据反馈的情况，及时调整和改进个人的行为，使得员工对评价工作有一种认同感，并积极参与自我评价。

2) 绩效评价与员工的切身利益结合不紧密

绩效评价结果的应用常表现为奖惩。目前，许多企业的年度考核只是例行公事。绩效评价工作结束，任务就算完成，评价结果仅用于年终奖金的发放及职称的评定，而不能与人员任免、职务晋升、薪酬档次等联系起来，使绩效评价工作失去了其应有的意义和价值。根据激励的期望模型，如果员工认为他们的绩效目标完成后，组织也不会给予他们期望的报酬，那么，我们可以预测，员工就不可能充分发挥个人潜能。要使激励作用最大化，就要让员工认识到，只要努力就能够取得良好的绩效评价成绩，而这种成绩会给他们带来相应的报酬。为最大限度地实现评价的激励效果，企业应加大结果的应用范围和力度。

3) 员工的绩效评价与员工培训和个人发展没有很好结合

企业应根据绩效评价结果,以满足员工的需要为宗旨,以高效、实用为目标,有目的、有计划地进行企业内部培训活动,造就高素质的员工队伍。总之,根据员工绩效评价的结果,对员工个人进行有针对性的培训,正是员工评价的最终落脚点。它不仅会得到员工的认可,也会为企业的建设发展培养更多高素质的员工。

4) 绩效考核结果应用方式单一

绩效考核结果应用方式单一,缺乏有效的绩效管理手段,如绩效奖励、精神补偿、增益分享、共享节余、绩效工资、绩效合同等。

5) 绩效考核结果应用形式化倾向严重

当前的考核多以领导的主观评价而非客观事实为基础,严重影响了结果的客观、公正。此外部门领导对考核结果的重视程度不够,往往是一评了事,没有采取措施将考核结果落实到工作中,评与不评一个样,评好评坏一个样,使考核结果流于形式。

6.2 绩效评价结果的具体应用

1. 绩效改进

绩效改进既是绩效评价结果的重要应用领域,也是绩效反馈面谈中重要的沟通内容。传统的绩效管理侧重于评价已经发生的工作绩效,而现代绩效管理则强调如何改进绩效,使个人取得发展的同时,推动部门的发展,从而实现组织的战略目标。因此,绩效改进是一个系统化的过程,指的是通过对现有绩效状态的分析,找出其与理想绩效之间的差距,制定并实施相应的干预措施来缩小绩效差距,从而提升个人、部门和组织绩效水平。绩效改进的流程可以分为绩效分析、绩效改进计划的制订、绩效改进计划的实施三个阶段。

1) 绩效分析

绩效分析是绩效改进流程的第一步,其目的在于明确个人、部门和组织层面存在的绩效差距,并找出导致差距存在的原因,编制绩效分析报告。

（1）找出绩效差距。通过对比组织、部门和个人的绩效评价量表中的目标值与实际值，可以得出组织、部门和个人三个层面的绩效差距。但由于组织资源有限，弥补绩效差距需要付出大量的人力、物力和财力，如果在很多方面都存在绩效差距，就需要对绩效改进要点进行取舍。对于这个问题国内外有许多研究，比如塞莫·勒维（Seymour Ievy）就提出了一种二维的选择方法（见表6-1）[①]。要综合考虑每个拟选定项目所需的时间、精力和成本，选择用时较短、精力花费少及成本低的，也就是比较哪个项目更划算。此外，绩效差距与组织战略的相关性、存在差距的部门在组织结构中的重要性等都是确定绩效差距排序的重要因素。

表6-1　选择绩效改进要点的方法

绩效	不易改变	容易改变
亟待改进	将其列入长期改进计划，或者与薪酬的调整一同进行	最先做
不需要改进	暂时不列入改进计划	第二选择（有助于其他困难的改进）

小专栏6-1

拉上大厦的窗帘

据说美国华盛顿广场有名的杰弗逊纪念大厦，因年深日久，墙面出现裂纹。为能保护好这幢大厦，有关专家进行了专门的研讨。

最初大家认为损害建筑物表面的元凶是酸雨的侵蚀。专家们进一步研究，却发现最直接侵蚀墙体的是每天冲洗墙壁的清洁剂。而每天为什么要冲洗墙壁呢？是因为墙壁上每天都有大量的鸟粪。为什么会有那么多鸟粪呢？因为大厦周围聚集了很多燕子。为什么会有那么多燕子呢？因为墙上有很多燕子爱吃的蜘蛛。为什么会有那么多蜘蛛呢？因为大厦四周有蜘蛛喜欢吃的飞虫。为什么会有这么多飞虫呢？因为飞虫在这里繁殖特别快。而飞虫在这里繁殖特别快的原因，是这里的尘埃最适宜飞虫繁

---

① 方振邦，唐健. 战略性绩效管理［M］. 北京：中国人民大学出版社，2018：299-300.

殖。为什么这里最适宜飞虫繁殖？因为这里开着窗，阳光充足，大量飞虫聚集在此，超常繁殖⋯⋯

由此发现，只要拉上整幢大厦的窗帘，问题就解决了。

（资料来源：关上你的窗帘［EB/OL］（2009 - 07 - 04）. http//www. 360doc. com/content/090704/21/102852_4140233. shtml.）

（2）分析绩效差距的原因。根据研究，分析绩效差距通常有以下两种思路：

① 四因素法。四因素法主要是从知识、技能、态度和环境四个方面着手分析绩效不佳的原因，如图 6 - 1 所示。

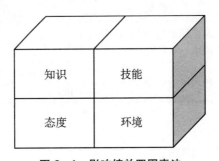

图 6 - 1　影响绩效四因素法

- 知识：员工是否具有从事这方面工作的知识和经验。
- 技能：员工是否具备运用知识和经验的技能。
- 态度：员工是否有正确的态度和自信心。
- 环境：组织的激励政策及与直接上级的关系是否影响了员工的积极性（激励机制）；是不是由于缺乏资源导致了最终的不良绩效（资源）；组织的流程是否影响高绩效的实现（流程）；组织的人际关系、气氛等是否不利于达到绩效目标（组织氛围）；是否存在影响绩效的外部不可控因素（外部障碍）。

② 三因素法。三因素法认为要从员工、主管和环境三方面来分析绩效问题（见图 6 - 2）。

图6-2 影响绩效三因素法

在员工方面,员工可能所采取的行动本身是错误的,抑或是应该做的而没有去做。原因可能是主管的要求不明确、个人知识和技能不足、缺少动机等。

在主管方面,主管可能因为管理行为不当而导致员工能力无法发挥,或者主管没有帮助员工改进其工作。通常从两个方面分析主管的管理行为:一是主管做了不该做的事情,比如监督过严,施加不当的压力;二是主管没有做该做的事情,比如主管没有明确工作要求,没有对员工的工作给予及时、有效的反馈,对员工的建议不予重视,不授权给员工,不给员工提供教育和培训的机会,不鼓励员工尝试新方法和新技术。

环境方面包括员工工作场所和工作氛围。可能对绩效产生影响的有:工具或设备不良,原料短缺,工作条件不良(噪声、光线、空间和其他干扰等),人际关系紧张,工作方法或设备的改变造成工作困难等。

以上两种分析思路各有各的特点。前者主要是从完成工作任务的主体来考虑,通过分析员工是否具备承担此项工作的能力和态度来分析产生绩效问题的原因,这种方法容易造成管理缺位,即把绩效问题产生的原因归结为员工主观方面的问题,而忽视了管理者在绩效问题上的责任,不利于全面查找绩效问题的真正原因,同时也不易被员工接受;后者从更宏观的角度去分析问题,较容易把握产生绩效问题的主要方面,并认识管理者在其中的责任。

要想更加透彻、全面地分析绩效问题,必须结合以上两种思路,在管理者和组织成员充分交流的情况下,对绩效不良的原因达成一致意见,如表6-2所示。

表6-2 绩效分析表

影响绩效的维度		绩效不良的原因	备注
个人	知识		
	技能		
	态度		
主管	辅导		
	其他		
环境	内部		
	外部		

(3)编制绩效分析报告。绩效分析报告是对前期分析工作的汇总和总结,要按照个人和部门组织两个层次编制,一方面展示现阶段的绩效差距及原因,另一方面为下一步设计和实施绩效改进计划打下基础。

2)绩效改进计划的制订

在完成系统的绩效分析之后,就要开始针对产生绩效差距的根本原因,设计和开发能够缩小或消除绩效差距的方案,这些方案的组合就是绩效改进计划。

绩效改进计划的成功与否和改进措施的选择有直接关系。经过绩效分析环节,明确了绩效差距,选择了绩效改进点,并对影响绩效的因素有了比较清晰的认识后,就要考虑改进绩效的措施。改进措施的选择标准有两个:能否"对症下药"和成本的高低。一般来说,员工可采取的行动包括:向主管或有经验的同事学习,观摩他人的做法,参加组织内外的有关培训,参加相关领域的研讨会,阅读相关的书籍,选择某一实际工作项目并在主管的指导下进行训练等。而主管可采取的行动包括:参加组织内外绩效管理、人员管理等方面的培训,向组织内有经验的管理人员学习,向人力资源管理专家咨询等。在环境方面,管理者可以适当调整部门内的人员分工或进行部门间人员交流,以改善部门内的人际关系;在组织资源允许的情况下,尽量改善工作环境和工作条件等。

绩效改进计划是提高现有绩效水平的计划。制订绩效改进计划的过程实际上就是具体规划应该改进什么、应该做什么、由谁来做、何时做以及如何做的过程。以个人层面的绩效改进计划为例,其主要内容包括:

(1) 个人基本情况、直接上级的基本情况以及该计划的制订时间和实施时间。

(2) 根据上一个绩效评价周期的绩效评价结果和绩效反馈情况,确定在工作中需要改进的方面。

(3) 明确需要改进的原因,并附上上一个评价周期中个人在相应评价指标上的得分情况和评价者对该问题的描述或解释。

(4) 明确列出个人现有的绩效水平和改进之后要达到的绩效目标,并在可能的情况下将目标明确地表示为在某个评价指标上的得分。

提出的改进措施应当尽量具体并富有针对性。除了确定每个改进项目的内容和实现手段外,还需要确定每个改进项目的具体责任人和预计需要的时间,有时还可以说明需要的帮助和资源。比如,就某一方面进行培训,就应当列出培训的形式、内容、时间及责任人等。对特殊的问题,还应分阶段提出改进意见,使员工逐步改进绩效。表6-3提供了一个包含绩效改进计划的绩效反馈面谈表,供读者参考。

表6-3 绩效反馈面谈表模板

面谈对象		职位编号	
面谈者		面谈时间	
面谈地点			
评价结果			
利益相关者		内部业务流程	
财务		学习与成长	
其他		总分	

（续表）

本期不良绩效陈述

本期不良绩效的原因分析			
影响绩效的维度	具体问题	原因分析	
员工	知识		
	技能		
	态度		
主管	辅导		
	其他		
环境	内部		
	外部		
备注：			

绩效改进计划			
计划采取的措施	预期目标	执行者/责任人	执行时间
备注：			
面谈对象签字		面谈者签字	

此外，绩效改进计划应当是在管理者和员工充分沟通的基础上制订的。单纯按照管理者的想法制订绩效改进计划，可能会使改进项目脱离实际，因为管理者并不一定很确切地知道每个员工的具体问题，管理者认为应该改进的地方可能并不是员工真正需要改进的地方。另一个极端是单纯按照员工个人的想法着手制订计划，虽然让员工制订绩效改进计划可以激发其积极性，但是员工有可能避重就轻，漏掉重要的项目。只有管理者和员工就这一问题进行充分探讨，才能有效地实现绩效改进的目的。

小专栏6-2

彼 得 原 理

彼得原理（Peter Principle）是美国学者劳伦斯·彼得（Laurence

J. Peter)在研究组织中人员晋升的相关现象后得出的一个结论,即由于各种组织习惯于提拔那些在某个等级上称职的人员,因而员工总是趋向于晋升到其不称职的岗位。彼得原理有时也被称为"向上爬"原理,这种现象在现实生活中无处不在。一名称职的教授被提升为大学校长后无法胜任;一个优秀的运动员被提升为主管体育的官员,却无所作为。

对一个组织而言,一旦组织中的相当一部分人员被推到了其不称职的级别,就会造成组织人浮于事、效率低下,导致平庸者出人头地、发展停滞。因此,要改变单纯地由贡献决定晋升的机制,不能因某个人在某一个岗位级别上干得很出色,就推断此人一定能够胜任更高一级的职务。要建立科学、合理的人员选聘机制,客观评价每一位职工的能力和水平,将职工安排到其可以胜任的岗位。不要把岗位晋升当成对职工的主要奖励方式,应建立更有效的奖励机制,更多地将加薪、休假等作为奖励手段。有时将一名职工晋升到一个不适合的岗位,不仅不是对他的奖励,反而使其无法很好地发挥才能,也会给企业带来损失。对个人而言,虽然我们每个人都期待着不停地升职,但不要将往上爬作为自己的唯一动力。与其在一个无法完全胜任的岗位上勉强支撑、无所适从,还不如找一个自己能游刃有余的岗位好好发挥自己的专长。

(资料来源:http://yubichen/bokee com/319457647. html.)

3) 绩效改进计划的实施

实施绩效改进方案应该遵循一系列的指导方针,这些指导方针涉及引进培训和指导等基于能力的人力资源管理实践。然而,绩效管理本身的性质使我们必须强调以下要点:从情感方面来讲,在改进绩效的过程中员工会在情感上十分脆弱。他们的弱点要被暴露出来,他们得去谈论并解决那些影响能力的、已经被隐藏多年的、难以解决的行为方面的问题。解决了这些问题可以让员工感到骄傲和自信,但这一过程也许会让他们恐惧、尴尬以及产生被伤害的感觉。如果处理不当,员工们会产生抵触和不满的情绪。

要遵循的重要原则之一是,高层管理者应该把他们自己的绩效改进当作计划的一个组成部分。如果首席执行官和高层管理人员也在像其他每个员工一样努力提高自己,那么,没有什么比这所传达的信息更强劲有力了。反之,员工会认为:"高层管理人员不努力去提高他们能力的话,那么他们希望我们提高能力仅仅是为了为他们所用。"

2. 绩效评价结果的其他应用

绩效管理是人力资源管理系统的核心,而评价结果能否得到有效运用,关系到整个绩效管理的成败。如果评价结果没有得到相应的应用,在组织中就会出现绩效管理与人力资源管理其他环节(晋升调动、培训、薪酬等)脱节的情况,导致绩效管理"空转"。久而久之,员工会认为评价只是例行公事,对自身无实质性的影响,绩效管理也就失去了应有的作用。

一般来讲,评价结果除了运用于绩效诊断与绩效改进,还应该运用于人力资源管理的其他子系统,如招募与甄选、职位变动、培训与开发、薪酬等。其中,最重要的是将评价结果应用于薪酬决策。

1) 用于检验招募与甄选的预测效度

招募与甄选是人力资源管理的重要职能之一,是指组织通过运用一定的手段和工具,对求职者进行鉴别和考察,区分他们的人格特点与知识技能水平,预测他们的未来工作绩效,最终挑选出组织所需要的适当的职位空缺填补者。在研究招募与甄选的效度(即有效性)时,通常都选用绩效评价结果作为重要的效标。也就是说,在绩效评价系统准确的前提下,如果某人的评价结果比较优秀,那么说明招募与甄选的预测效度较好,是有效的;反之,就说明招募与甄选的预测效度不佳,需要在方法和技术上进一步完善。

2) 用于做出职位变动的决策

评价的结果是职位变动的重要依据。职位变动不仅包括纵向的晋升或降职,还包括横向的工作轮换。如果评价的结果表明某些人员无法胜任现在的工作岗位,就需要说明原因并果断地进行职位调换,将他从现在的岗位上换下,安排到其他能够胜任的岗位。同时通过绩效评价还可以发现优秀的、有发展潜力的人员,进行积极的培养和大胆的提拔,这种培养还包括在各个职位之间的轮岗,培养其全面的能力并熟悉组织的运作,为其今后在部门间进行交流与协调做好准备。

3）用于确定培训与开发的内容

英国学者尤金·麦克纳（Eugene McKenna）和尼克·比奇（Nic Beech）将绩效评价分为发展性评价与评价性评价。发展性评价发生在系统分析评价对象的发展需要之后，主要关注的是如何对评价对象将来的绩效表现做出预测。因此，发展性评价更加注重如何确定评价对象可以改进的知识和技能，从而达到开发其潜力的目的。这种类型的评价往往与员工的职业生涯规划相联系。评价性评价将着眼点放在对评价对象做出判断上，往往与薪酬决定挂钩。人力资源的培训与开发是一种提高个人能力和组织绩效的有计划的、连续性的工作。培训的主要目的是使组织成员获得目前工作所需的知识和能力，着眼于当前的工作；而开发的主要目的则是使组织成员获得未来工作所需的知识和能力。通过绩效评价和绩效分析，组织可以找出导致组织成员不能完全胜任工作的知识、技能等方面的缺点和不足，进而有针对性地对这些方面进行培训。另外，组织也有可能对未来的变化加以考虑，当绩效评价结果显示组织成员不具备未来所需要的技能或知识时，对其进行开发是常见的选择。另外，绩效评价结果也可以作为培训的效标，也就是用绩效评价结果衡量培训的效果。

4）用于薪酬的分配和调整

绩效评价最初的目的就是更好地评价个人对团队或组织绩效的贡献，以更好地在薪酬分配的过程中体现公平原则。一般而言，为了强调薪酬的公平性并发挥薪酬的激励作用，组织成员的薪酬中都会有一部分与绩效挂钩，当然因职位不同，与绩效挂钩的薪酬在总薪酬中所占的比例也会有所不同。如何有效地发挥薪酬的激励作用，寻求绩效管理与薪酬管理的有机结合，是大多数组织面临的一个难题。

◉ **本章小结**

绩效反馈之后需要管理人员运用绩效考核结果来实现员工和企业的发展目标。

绩效考核结果的应用要遵循一些原则，如以人为本，促进员工的职业发展;将员工个体和组织紧密联系起来,促进员工与企业共同成长和发展;统筹兼顾、综合运用,为人事决策提供科学依据。

目前在绩效考核结果应用中出现了很多问题,这些问题影响了绩效管理整体效果的提升。如绩效评价结果反馈不及时或没有反馈;绩效评价与员工的切身利益结合不紧密;员工的绩效评价与员工培训、个人发展没有很好结合;绩效考核结果应用方式单一,缺乏绩效管理的有效手段;绩效考核结果应用形式化倾向严重。

绩效考核结果被广泛应用到人力资源管理的不同方面。绩效改进是这样一个过程:首先要分析员工的绩效考核结果,找出员工绩效中存在的问题;其次,要针对存在的问题制定合理的绩效改进方案,并确保其能够有效地实施。绩效改进是绩效考核的后续工作,是为了帮助下属改进绩效。提升能力与完成管理任务一样,都是管理者义无反顾的责任。

薪酬奖金分配一般与绩效考核结果挂钩。不同的公司所采取的薪酬体系也有所不同,甚至存在许多差异,但薪酬体系基本可分为两大部分,即固定部分和动态部分。岗位工资、级别工资等决定了员工薪酬中的固定部分,而绩效则决定了薪酬中变动的部分,如绩效工资、奖金等。

员工职业发展是关注员工长远发展的一个计划。将绩效评价结果与员工职业发展结合起来,可以实现员工发展与部门发展的有机结合,达到本部门人力资源需求与员工职业生涯需求之间的平衡,创造一个高效率的工作环境。

绩效考核结果还有其他应用,如开发员工潜能、为奖罚提供标准等。

 复习与思考

(1) 试述引例中 A 公司的员工对绩效考核逐渐失去热情的原因。

(2) 试述绩效考核结果应用的原则。

(3) 试述绩效考核结果应用存在的问题。

(4) 小专栏"拉上大厦的窗帘"说明了什么问题?

(5) 试述绩效差距分析的四因素法和三因素法的内容。

(6) 绩效考核结果主要应用在哪些方面?

课后案例

王强的绩效改进计划

王强是生产部新提拔的一名主管。他原来是该部门的一名普通员工，由于在技术上有所创新，被破格提升为主管。部门内的成员都视他为楷模，大家都十分钦佩他的工作才干。但是，生产部的经理李侠在上一周期的评价中发现，王强领导的一些新进公司的员工对王强在新员工培训工作中的表现很不满意。王强在指导员工能力这一评价指标上的得分受到了很大的影响。为此，李侠与王强进行了绩效反馈面谈，共同制订了下面的绩效改进计划（见表6-4）。表格的前三列是计划的内容，后两列（实际实施日期和取得的成果）则是李侠根据王强在实施该计划过程中的表现填写的。

表6-4 绩效改进计划示例

员工姓名：王强　　职位：生产部主管　　计划执行时间：1月1日—3月30日
上级主管：李侠　　职位：生产部经理　　待改进绩效：对新员工的培训

计划采取的措施	执行者	计划实施日期	实际实施日期	取得的成果
1. 向资深主管谭进请教如何培训新下属	王强	1月15日	1月14日	约好第二天与谭进会面
			1月15日	与谭进会面获得许多有用的指导
2. 观察谭进对新进人员进行培训的过程	王强	下一次新人报到时	1月15日	谭进计划2月3日进行新员工培训，王强将观摩
			2月3日	谭进训练新人，王强观摩，觉得很值得学习
3. 参加人力资源部主办的新员工座谈会	王强	下一次举办时	1月15日	从人力资源部获知1月18日要举办新员工座谈会，王强届时将参加
			1月18日	要王强提出参加心得，他的若干意见已送人力资源管理部
4. 决定新人报到的最佳时间	王强与人力资源部协调	1月20日之前	1月19日	决定新人报到开始时间，由周一早上7点改为9点
5. 参加"新员工培训"座谈	王强	2月15日	2月10日	讨论座谈会时间表与内容
			2月18日	讨论该座谈会及王强参加后的收获

（续表）

计划采取的措施	执行者	计划实施日期	实际实施日期	取得的成果
6. 阅读下列书籍： (a)《干部与经理之自我发展》 (b)《有效的沟通》 (c)《干部与在职训练》	王强	2月15日之前	1月3日	安排订购王强同意阅读的三本书
			1月14日	获悉王强已阅读了第一本书的一半
			1月31日	第二本书进行一半，前书全部读完
			2月5日	第三本书及前两书均已读完
7. 观察王强培训新员工	张明（现任培训主管）	下一次王强进行新员工培训时	1月20日	获悉王强有一名下属将于2月15日报到
			1月20日	听取张明观察王强培训新员工的意见
8. 与王强领导的新员工进行面谈	李侠	员工上岗工作后的一个星期	2月25日	与王强的新员工周蓉谈话。她表示对王强提供的上岗培训大致满意，但在介绍公司生产安全方面的一些保障制度的时候，讲解得不太清楚，使她没有安全感
9. 向王强提供一份检查表供训练新人使用	张明	1月15日	1月13日	向张明查询，检查表还没做好，答应在1月21日前完成
			1月21日	再向张明查询，还没有完全好
			1月25日	检查表完成，已经交给王强
10. 为王强安排专用办公室用以培训新人	李侠	1月15日	1月10日	试着找一个专用办公室供王强使用。安排好人力资源部的会议室，如无人使用时可以借用。告诉王强，必要时可以用他的办公室，但需在24小时前先行通知，将尽力找一个永久场所
11. 安排永久的培训场所	李侠	2月1日	2月1日	试着找一个培训新人的场所，无所获
			2月20日	再试着找一个培训场所，装运部门可能有一个地方
			2月28日	在装运部临时仓库的一角隔出一个临时场地，将继续努力安排一个永久场所

可以看到，通过实施这项绩效改进计划，王强很好地完成了从普通员工

到主管人员的转变,改变了过去仅依靠技术优势树立个人权威的状况。此外,绩效改进计划还帮助王强获得了他在改进绩效过程中需要的场所。这次绩效改进计划的成效在4月初的绩效评价结果中有了初步的体现,一些新员工开始改变最初对王强的看法,纷纷表示王强培训新员工的能力有所提高。

（资料来源:方振邦,唐健.战略性绩效管理[M].北京:中国人民大学出版社,2018.）

 思考题

（1）说明绩效改进计划的作用。

（2）结合彼得原理谈谈这个案例对你有何启发。

 延伸阅读

华丰公司的绩效管理改进策略

华丰公司的绩效考核计划遇到了难题。公司所有的非管理性员工都由上级主管进行半年考核。现行的绩效考核表格如表6-5所示。考核等级为:优=5分;良=4分;中=3分;可=2分;差=1分。每一个考核指标的得分汇总为总的考核得分。

表6-5　华丰公司绩效考核表

各位评价人员:请根据人力资源部门的要求,完成对每个员工的考核。对员工的工作负有75%及以上责任的主管都应当对员工进行考核。请分别对员工绩效的每一个方面进行考核。

工作质量	优	良	中	可	差
工作数量	优	良	中	可	差
可靠性	优	良	中	可	差
工作创新	优	良	中	可	差
合作性	优	良	中	可	差
与同事的关系	优	良	中	可	差
总分:					
评价人员签名:					
员工签名:					

考核过程如下：

每一个上级主管在每年年初对每一位员工上年度的绩效表现进行考核。主管在与员工讨论了考核结果之后，再报送人力资源部，然后，人力资源部再把考核的结果放在员工的人力资源档案中，如果出现职务晋升的机会，就会综合考虑累积的考核结果。当然，在对工资水平进行调整的时候也会参考这些资料。

人力资源部刘经理发现，员工不仅不关心公司目前采用的这套绩效管理体系，而且对公司的绩效管理工作的印象非常不好。一次非正式的调查表明，一半以上的主管人员在不到三分钟的时间里就完成了考核，在没有与员工讨论之前就把这些表格传递给了人力资源部。其余的主管人员花在考核上的时间略多一点，但是，与员工沟通考核结果的时候，也非常简单，只是走走形式罢了。

刘经理还发现，主管在进行职务晋升或工资决策的时候，很少参照这些考核表格。因此，大多数主管认为这种绩效考核是一种形式主义，又麻烦又没有实际作用。而刘经理认为，公司现在开展的绩效考核还是很有用的：为员工提供了积极的反馈，有助于未来绩效的提升，有助于员工能力的开发，为晋升和薪酬决策提供了客观依据。但是在绩效管理方面，刘经理也认为许多地方可以进行改进，让主管和员工们不再把绩效管理当作走个形式。

（资料来源：高毅蓉，崔沪.绩效管理[M].大连：东北财经大学出版社，2015.）

下篇

实训部分

实训项目 1

撰写企业绩效考核方案

◎ 实训目的

绩效考核方案是企业绩效管理制度的重要组成部分,是绩效考核的执行方案。制订好绩效考核方案,有利于企业有计划地实施绩效考核工作,避免绩效考核的盲目性和随意性。实训所要达到的目的:

(1)理解在绩效考核实施前制订绩效考核方案的必要性,掌握绩效考核方案的主要内容。

(2)能够制订一份绩效考核方案。

◎ 实训步骤

阅读实训资料,了解案例背景与拟考评的组织信息,进行自由分组与任务分配,准备相关材料,完成实训任务,并提交实训报告。具体操作流程如下:

1. 准备阶段

分组进行实训,每组 5~6 人。自行决定组内成员角色和任务分配。每组自选一名组长,作为小组的负责人。

阅读实训资料 1、资料 2,了解苏州市各个市级机关人才科技工作绩效考核方案以及苏州市教育局人才科技工作绩效考核指标量化表;了解考核对象的分类、考核主体的选择、考核周期、绩效考核表、标准评分表、考核方法、考核结果分析和应用等内容;了解在绩效考核操作中完成一次考核需要经过三个步骤,即准备、考核和评价;了解考核所包括的基本内容,即业绩指标、能力指标和态度指标;理解考核的两个类别:一类是常规性的日常考核和年度考核;另一类是专项考核。

2. **实训阶段**

阅读实训资料3,按照"前言部分＋考核部分"编写"HD集团绩效考核方案"。考核方案要求在实训资料的基础上编写,鼓励具体内容上有所创新。

(1)前言部分说明绩效考核的目标和宗旨,绩效考核过程中各类人员的职责、分工以及应遵循的原则。

(2)考核部分说明考核指标的确定、考核方法的选择、考核过程的操作流程、考核结果的应用和考核工作要求等。

3. **总结评价**

各小组分别进行交流汇报,教师给予点评指导。以组为单位提交"HD集团绩效考核方案"。

◉ 实训报告

结合资料中HD集团的实际情况,完成绩效考核方案的编制,要求包含绩效考核方案的各项必要内容,实训资料中不齐备的信息可以自行补充,并按照补充的资料进行绩效考核方案的编制。

【评分要点】

(1)绩效考核方案内容是否全面和完整,可操作性如何等。

(2)语言流畅、文字简介、条理清晰。

◉ 实训资料

【资料1】

苏州市市级机关(单位)人才科技工作绩效考核方案

为加强推进苏州人才强市和人才优化发展战略,科学有效地对《苏州市中长期人才发展规划纲要(2011—2020年)》各项指标运行情况进行监测和评估,根据市委《关于在加快经济转型升级中充分发挥人才支撑和引领作用的若干意见》（苏办发〔2009〕66 号）精神，在总结 2010、2011 年度机关绩效考核试点工作经验的基础上，结合苏州市人才工作的实际，2012 年度对 32 个市级机关（单位）人才科技工作进行绩效考核，制定本方案，共包括九部分内容。

第一部分：考核指导思想。简要对苏州市级机关（部门）人才科技工作进行绩效考核的指导思想及重要意义进行阐述。

第二部分：考核基本原则。简要对苏州市级机关（部门）人才科技工作进行绩效考核的基本原则进行阐述。

第三部分：考核组织机构。确立苏州市级机关（部门）人才科技工作绩效考核的组织机构。

第四部分：考核对象分类。阐述各市级机关（单位）人才科技工作绩效考核的分类分组情况。

第五部分：考核内容方法。对苏州市级机关（部门）人才科技工作绩效考核的内容、方法、计分方式进行阐述。

第六部分：考核指标体系。对苏州市级机关（部门）人才科技工作绩效考核指标的主体内容和三级指标的设定情况进行阐述。

第七部分：绩效考核程序。从指标确定、过程监查、察访核验、年终评估几个方面阐述苏州市级机关（部门）人才科技工作绩效考核程序。

第八部分：考核结果应用。对苏州市级机关（部门）人才科技工作绩效考核结果的应用进行了具体规定。

第九部分：考核工作要求。提出了苏州市级机关（部门）人才科技工作绩效考核的具体要求。

一、考核指导思想

以全市和省市人才工作会议精神为指导，牢固确立人才资源是第一资源的理念，探索建立市级机关部门（单位）人才工作绩效考核机制，发挥考核工作的激励和导向作用，进一步加大人才工作的推进和落实力度，形成各部门（单位）齐抓共管、分工负责、合力推进人才工作的良好局面，共同营造尊重知识、珍惜人才、鼓励创新、支持创业的良好氛围,为加快实现"两个率先"和"三区三城"建设提供坚强有力的人才支撑。

二、考核基本原则

(一)战略分解,层层落实。将全市整体人才科技工作战略目标层层分解到各市级机关(单位),"确保事事有人做,件件能落实"。发挥人才科技工作绩效考核的指挥棒作用。

(二)强化管理,关注服务。把人才服务工作的管理与落实作为察访核验的重点;同时强化对各部门人才服务意识、行动和效果的考核。促进各部门"眼睛向下",切实解决人才关心问题。

(三)实事求是,客观公正。在明确目标、分解责任的基础上,注重考核方式的创新,做到公开公正、程序规范,着力以科学、有效、简便、管用的方法,做到考真、评准、评实,切实考出效果、评出干劲、评出权威。

(四)注重实绩,群众公认。强调结果,兼顾过程,强化目标量化和刚性约束。既注重目标任务完成的情况,也关注完成目标的努力程度;既有内部的各项指标考核,又有外部社会公众的评价,关注工作和服务对象的满意度。

三、考核组织机构

经市委市政府、市绩效考核领导小组研究决定,2012 年将对市人才工作领导小组成员单位(共 32 个)进行年度绩效考核,具体工作由苏州市委组织部人才处牵头实施。苏州市委组织部人才处牵头组建人才科技工作绩效考核工作领导小组(简称绩效考核领导小组),领导小组将由组织部部长任组长,有关部领导任副组长,组织部人才处、统计局、科技局、人社局、财政局、教育局(以下简称主要成员单位)等主要负责同志为成员。

四、考核对象分类

由于各类单位人才科技工作的性质、职能、规模存在巨大差异,为了更加科学客观地考核各类不同的单位绩效,实施分类考核的原则。在综合考虑部门人才科技工作性质、人才工作职能特色及定位、规模等要素的情况下,将所有考核对象分为三大类,分别是综合管理类、专项管理类、协同管理类。各单位分类如下:

第一大类,综合管理类(6 个):组织部、财政局、科技局、教育局、人社局、经信委。

第二大类,专项管理类(15 个):宣传处、发改委、统计局、卫生局、知识产权局、地税局、文广新局、旅游局、统战部、团市委、政法委、市委农工办、市农委、金融办、民政局、商务局。

第三大类,协同管理类(11 个):市委研究室、市政府研究室、公安局、接待办、市容市政管理局、园林和绿化管理局、侨办、工商局、科协、侨联、公积金管理中心。

五、考核内容与方法

(一)考核内容

2012 年度苏州市市级机关(单位)人才科技工作绩效考核内容,主要是遵照苏州市委市政府关于实施高层次人才引进工程以及人才强市战略,推进人才优先发展的指示,紧紧围绕"十二五"期间苏州人才政策"激活现有人才、吸引外来人才、培养未来人才,努力建设好一个以市场为驱动、高效的人才资源开发、利用、配置机制,将苏州打造为国内最具影响力的人才'智谷'"的总体任务,以及市委常委会工作要点、政府工作报告确定的重点工作,主要考核市级机关(单位)围绕人才培育、引进、服务和管理等内容,立足各自工作职能,开展人才工作及完成绩效情况。具体包括以下几个组成部分:

(1)市委市政府部署人才科技重点工作、重点项目;

(2)苏州市人才科技工作发展规划及年度工作目标;

(3)各市级机关(单位)职能工作;

(4)人才工作管理情况;

(5)创优创新工作。

各市级机关(单位)要根据市委市政府部署的人才科技重点工作和重

点项目、人才科技工作发展规划及年度工作目标,结合各市级机关(单位)职能工作,并按照绩效考核领导小组的统一要求,制定本单位的年度《人才科技工作绩效考核指标量化表》,做到不缺项、不漏项、不错项,确保年度人才科技工作绩效目标的圆满完成。

各单位的《人才科技工作绩效考核指标量化表》分别由分管领导与职能处室负责人签订。签订后的《人才科技工作绩效考核指标量化表》为绩效考核的主要依据和载体。

年度绩效指标一经确定,原则上不作调整。因特殊原因确需调整的,须向局绩效考核领导小组提出书面请示,经绩效考核领导小组审定同意后予以调整实施。

(二)考核方法

2012 年度苏州市市级机关(单位)人才科技工作绩效考核主要采用过程督查、年终评估、年度考核、公众评议、领导测评、察访核验、创优创新考核加分等多种方式相结合的方法进行。

(1)过程督查。为了提高考核准确性,降低年底考核压力,2012 年苏州市市级机关(单位)人才科技工作绩效考核实行年度考核和半年考核相结合的方式。要求各市级机关(单位)年中对人才科技工作进展进行梳理、上报和自评,绩效考核领导小组进行审核与随机督查,发现问题及时进行过程考核,并及时通报绩效考核与督查状况。

(2)年终评估。年终评估工作在绩效考核领导小组的组织领导下开展。成立若干年终评估小组,每个评估小组由 3 至 5 人组成,成员从相关单位抽调,评估小组组长由绩效考核领导小组成员担任。年终评估采取基础评价、领导测评、公众评议等方式进行。

各单位依据《人才科技工作绩效考核指标量化表》,对绩效考核情况进行自我评估,形成年度绩效考核报告,报送绩效考核领导小组。报告内容应当包括各项人才科技工作绩效指标完成情况、未完成的原因分析及自评分数,并提供相应的证明材料。

评估小组依据《人才科技工作绩效考核指标量化表》对各单位年度人才科技工作绩效指标任务完成情况和效果进行基础评价。评估小组在各单位自我评估的基础上逐项进行复核评估,形成评估分数,并向绩效考核领导小组提交书面评价报告。

绩效考核领导小组对各单位年度人才科技工作绩效指标任务完成的总体情况进行领导测评。测评结果分优秀(10 分)、良好(8 分)、达标(6 分)、不达标(4 分)四个档次。

相关评价主体分别对各单位人才科技工作总体情况进行公众评议。各外部测评主体按照优秀(10 分)、良好(8 分)、达标(6 分)、不达标(4 分)四个档次对各单位进行测评,于 7 个工作日内将测评结果反馈给绩效考核领导小组。

(3)年度考核。绩效考核领导小组根据人才科技工作绩效考核指标的内容,采取定性评估与定量评估相结合、过程督查与年终评估相结合的原则进行考核。对各指标数据进行复核、汇总后,形成综合评定意见。评估小组对各单位创优创新奖励加分情况进行评估,确定加分分数,于次年 1 月 20 日前提交给绩效考核领导小组。

(4)公众评议。包括服务对象满意度调查、基层评机关、机构互评、机关内部服务满意度测评等多种形式。由各被考核单位提供基础样本资料,市绩效考核领导小组负责组织协调,委托统计局具体组织实施。采用问卷调查、电话访问等方式,根据被考核单位和调查对象的不同,设置不同的调查内容,重点调查公众对被考核单位的人才科技工作的服务意识、创新意识、工作作风、工作效率等方面的认可程度以及对被考核单位年度工作任务、履行部门职责的满意程度等,多角度多层面对被考核单位的整体工作进行评价。

(5)察访核验。由绩效考核领导小组具体组织实施,从绩效考核领导小组主要成员单位抽调相关人员进行察访核验。主要采取专项检查的方式对相关指标完成情况进行核实。

(6)人才科技工作管理。主要对各单位进行如下几个方面的考核:是否有专人负责人才科技工作、是否有资金配备、是否有人才工作督查小组进行随机督查。

(7)创优创新考核加分。创优创新考核主要由创优考核和创新考核构成,是绩效考核的附加考核指标,主要对重大创优创新进行奖励,提高考核的激励性。

(三)计分方式

(1)考核采用百分制计分,过程督查、年终评估、年度考核、公众评议都按照100分为满分进行计分。

(2)过程督查采取扣分式考核计分方式,所有参与过程督查的单位的基准分为100分,在年中统计该单位人才科技工作的职责履行情况,如出现未完成、差错、失误、被投诉等情况进行适当扣分,用基准分减去总扣分即为该单位的过程督查成绩。

计分方法如下:

过程督查考核分数 = 100 分 - 总扣分。

(3)年终评估由基础评价、领导测评、公众评议组成,分别占40%、40%和20%的权重。

计分方法如下:

年终评估总分 = 基础评价分数 ∗ 40% + 领导测评分数 ∗ 40% + 公众评议分数 ∗ 20%。

(4)年度考核主要由过程督查和年终评估组成,分别占30%和70%权重。考核结果按百分制计。

计分方法如下:

年度考核总分 = 过程督查 ∗ 30% + (基础评价分数 ∗ 40% + 领导测评分数 ∗ 40% + 公众评议分数 ∗ 20%) ∗ 70% + 人才工作管理情况加分 + 创优创新加分。

(5)创优考核和创新考核采取加分的方式,加分项目只限与《人才科技工作绩效考核指标量化表》相关的内容。一年内同项内容获得多次加分的,按最高等级加分,不重复计算。创优创新考核加分分别不得超过10分,总计不得超过20分。

创优考核加分情况如下:

获得党中央、国务院表彰的集体奖项的单位一次加10分,个人奖项获得者所在单位一次加5分;

获得省级集体奖项的单位一次加 5 分,个人奖项获得者所在单位一次加 3 分;

获得市级集体奖项的单位一次加 3 分,个人奖项获得者所在单位一次加 1 分;

在其他省市同类单位的人才科技工作排名居于前三名的加 10 分。

创新考核加分:绩效考核领导小组年终召集各市级机关(单位)主要领导,召开年终述职大会,由各单位领导宣讲 2 项创新工作,参会人员进行测评打分。

测评结果分为优秀(10 分)、良好(8 分)、达标(6 分)、不达标(4 分)四个档次。优秀档次应不超过总数的 20%。

六、考核指标体系

绩效考核指标主要包括人才引进、人才培育、人才管理、人才服务等四个方面的主体内容,一级指标内容由"战略重点工作"和"常规职能工作"两项构成,"战略重点工作"一般根据《关于进一步推进姑苏人才计划的若干意见》(苏发[2010]20 号)精神和苏州市人才科技工作目标责任制考核的职责要求制定的,部分单位没有战略重点工作,只有常规职能工作。二级、三级指标内容由各单位根据实际工作进行分解细化,编制《人才科技工作绩效考核指标量化表》。

各单位根据本方案规定对年度重点工作按照关键时间节点进行分解细化,形成本单位的年度绩效指标,作为二级、三级指标的具体内容,并根据各项指标的重要性和难易程度进行指标赋分,设定评分标准。

七、绩效考核程序

(一)指标确定

(1) 部署。2012 年 3 月,绩效考核领导小组召开各市级机关(单位)会议,对人才科技工作绩效考核工作进行部署,明确年度人才科技工作绩效考核指标、工作进度安排、指标体系设置规范与要求、考核方法、考核程序等。

（2）申报。各单位按照指标的制定要求，按规定的格式填写《人才科技工作绩效考核指标量化表》，于 4 月 10 日前向绩效考核领导小组，同步报送加盖公章的纸质表格（一式 2 份）。

（3）审核。绩效考核领导小组组织其主要成员单位的专业工作人员和外部专家组成审核组，仔细对照相关各类文件的要求，对各单位上报的指标申报表进行逐项审核，视情况征询相关业务主管部门或综合部门意见，必须时各单位要到场进行说明。审核组同时组织专门对接会对各考核主体部门提出的考核指标进行审核。

（4）反馈。绩效考核领导小组根据审核评估情况，与各单位沟通相关指标的调整意见，必要时组织专门人员到各单位进行年度绩效考核指标的对接，到时绩效考核领导小组将具体制订对接计划。各单位根据审核评估反馈意见与指标对接达成的共识，对年度绩效指标进行修改、补充和完善，并原则要求报送分管市领导审阅后，以正式办文形式报送绩效考核领导小组。

（5）公示。绩效考核领导小组在进一步审核校对的基础上，将各单位的工作目标内容在内部网上公示征求意见，根据征求意见情况最后审定。

（6）下达。各单位人才科技工作考核指标，经绩效考核领导小组审定后，统一下达，作为年度市级单位指标考核依据。

（7）追加与调整。各单位年度内可以根据上级工作部署调整或临时追加任务，申请追加和调整年度考核指标，包括对其他部门的考核指标以及本单位自身的年度绩效指标。但必须提出正式的书面申请，经分管市领导批准，加盖本单位公章，并附相关指标调整文件，10 月 30 日前报绩效考核领导小组备案。绩效考核领导小组将根据具体情况调整各部门绩效指标以及考核权重，并下发绩效指标调整通知。

（二）过程督查

（1）工作纪实和总结。各单位应根据年度绩效考核指标要求，组织制订年度工作计划和部署，并将任务分解到各下级机关处室。在 7 月第 5 个工作日前，将填写的半年工作部署表提交给绩效考核领导小组。半年工作部署应重点突出、简明扼要,行动方案和计划清晰明确,以项目条目式列明内容即可,主要包括完成任务情况、没完成原因,并逐项提交各项工作证明资料,包括台帐、统计表、文档、图片、视频等,可以追加没有纳入计划的工作纪实;同时对照年度绩效指标,如实自我评估每一工作指标完成情况,对量化指标还要预估完成进度比例。管理基础较好的单位,还可以要求部门内部每月填报工作纪实。绩效考核领导小组进行审核与随机督查,发现问题及时进行过程考核,并及时通报绩效考核与督查状况。

(2)日常工作督查。各单位根据人才科技工作进展情况,制订切实可行的检查、指导、督促工作计划,一般先重点选取工作进展超常规和严重落后的单位,再保证全年督查覆盖到大部分单位即可,采取召开现场会或专题对接会的形式进行现场工作督查。为了减轻基层迎检负担,可将督查工作与平时的深入基层检查指导工作相结合。各单位必须履行督查责任,严格要求,实事求是,不搞一团和气。

(三)察访核验

绩效考核领导小组不定期地对各绩效考核责任单位的重点绩效指标进行跟踪、督查,或将组织有关部门对被考核单位完成工作进度、质量和效益情况,按照专项检查的方式进行察访核验,重点对苏州市确定的人才科技工作重点项目建设指标完成情况进行跟踪问效。

(四)年终评估

从2012年12月开始,绩效考核领导小组组织开展2012年度机关绩效年终评估工作,实施程序安排如下。

(1)基础评价。2012年底,所有被考核责任单位根据年度绩效考核指标,对各项工作任务完成的实际成效进行分析和总结,开展自查自评。要求按时完成《年度工作指标完成情况概览(总结)》《年度绩效指标自评报告》《年度绩效分析报告》,并于2013年1月上旬以正式文件形式报送绩效考核领导小组。年度工作指标完成情况概览主要以精炼的文字概括本部门一年来做的重点人才科技工作、取得的成绩(相对上一年的提高,以及相对同类部门的赶超)、工作亮点与创新、克服的困难、存在的难点和问题,主要供领导和公众进行评价时参考。年度绩效指标自评报告主要是对照年度指标逐项进行总结和自评,主要填写做了什么、指标实际完成情况、没有完成的原因说明以及自评分。年度绩效分析报告主要填写本单位一年来比较好完成工作指标的原因和经验;没有完成工作指标的原因、困难和问题;制订下一步改进工作的计划或改进措施等。

(2)公众评议和领导测评。2012 年 12 月—2013 年 2 月,绩效考核领导小组可以委托统计局进行公众评议和领导测评。公众评议方式要充分体现"谁了解谁测评""看着业绩测评""背靠着背测评"的原则。

(3)指标考核。2010 年 12 月下旬,绩效考核领导小组组织对各市级单位年度人才科技工作绩效指标完成情况进行考核评分。为了提高考核准确度,同时降低各被考核单位负担,在年度考核工作组织上,如果半年考核已经掌握被考核单位工作进展,原则上不需要再进行年度专项考核;如必须进行专项考核,必须报经绩效考核领导小组同意,尽量组织联合检查考核组现场考核,或者随同上级机关检查考核组或察访核验组一并开展现场考核。在考核计分方面,对被考核单位实行强制分布,对等次评定结果实行比例控制。在考核程序方面,各考核主体单位必须将成绩评定依据和检查扣分等原始记录,上传到绩效考核领导小组,供所有被考核单位查阅。被考核单位如有不服,可以与考核主体单位沟通,如无法协调,可以向绩效考核领导小组提出复核申请,绩效考核领导小组将在两周内组织专门的调查并反馈结果。在考核监督方面,各单位必须认真对待年度考核工作,除了及时提供原始材料之外,还要求于 2013 年 2 月上旬前将考核结果文件以单位公文的形式报送绩效考核领导小组。

(4)职能工作考核与察访核验。2013 年 1 月下旬,由绩效考核领导小组牵头,从领导小组主要成员单位抽调人员,组成若干个指标复核小组,根据各单位报送的考核结果及各绩效考核责任单位的年度绩效自评报告,对被考核单位绩效指标进行考核和复核。

(5)创优创新加分考核。由各被考核单位向绩效考核领导小组报送考核加分申请表,并提供有关依据材料,由市绩效考核领导小组审核确认后按加分规则加分。

(6)汇总分析。2013 年 3 月上旬,绩效考核领导小组收集整理指标考核、公众评议、领导测评以及考核加分的有关数据材料,进行统计汇总及分析。

(7) 等次评定。各单位年度绩效结果评定实行分类等次评定,每一类单位考核成绩排名前 20% 的确定为优秀。分数在 80~70 分的评为基本合格,70 分以下直接评定为不合格。

(8) 意见反馈。2013 年 3 月底,绩效考核领导小组将考核结果(包括考核扣分情况及征求到的领导测评和公众意见)向各被考核单位反馈。各单位对考核结果如有异议,可在 5 个工作日内向绩效考核领导小组提出复核申请。各被考核单位要针对存在问题进行认真分析,研究落实改进措施,同时将改进意见书面上报绩效考核领导小组备案。

(9) 考核情况通报。市绩效考核领导小组在一定范围内通报 2012 年度机关绩效考核工作情况。

八、考核结果应用

(一) 把绩效考核结果作为激励的依据

年度人才科技工作绩效考核结果作为领导干部选拔任用、培训教育、管理监督、激励约束和单位评先评优的重要依据。年度考核为优秀档次的单位,予以通报表彰。适当增加所在单位处级及以下公务员年度考核优秀等次名额。

(二) 把考核结果作为改进工作的依据

要根据人才科技工作绩效考核结果,认真分析和查找人才科技工作中的薄弱环节,并对发现的问题进行认真分析,及时提出改进措施。

九、考核工作要求

(一) 统一思想,提高认识

开展机关人才科技工作绩效考核是实现"十二五"期间苏州人才发展总体目标,扎实推进人才强市战略的重要抓手,对于改善人才发展环境,促进人才科技发展,推动人才科技工作管理创新有着十分重大的意义。各级各部门要把认识统一到市委、市政府开展人才科技工作绩效考核的决策部署上来,树立绩效意识,全面理解和把握人才科技工作绩效考核的内容、方法、程序和要求,层层落实各项指标任务,加强宣传培训,营造良好的人才科技工作绩效考核工作氛围。

(二)加强领导,精心组织

市级机关人才科技绩效考核工作在市委、市政府的领导下,由市绩效考核领导小组牵头负责,会同市级各主要成员部门具体实施。市级各部门要切实加强对人才科技绩效考核工作的组织领导,主要领导亲自抓,分管领导具体抓。要进一步建立健全人才科技工作绩效考核机构,采取有力措施,落实专门工作人员,明确责任,建立起素质高、能力强、作风正的人才科技工作绩效考核队伍。

(三)严肃纪律,强化问责

各单位要以认真负责的态度和求真务实的精神,做好人才科技工作各项指标的自评,按要求按时报送各种数据,做到不虚报、不瞒报考核数据资料。各考核主体及工作人员要坚持客观公正、实事求是地评价各绩效考核责任单位。

【资料2】

苏州教育局人才科技工作绩效考核指标量化表

2012年苏州市教育局绩效考核指标量化表

管理内容	一级指标	二级指标	三级指标	权重分值	时间节点	预期成果	评分标准	责任人	完成情况	证明材料	未完成原因	自评得分	评估小组核验分数	核验扣分说明
人才管理	战略重点工作	加强人才培育	开展2011年县级市区人才科技工作目标责任制审核	10	3月31日	审核实施细则及审核结果	出现未完成、失职、不公平等情况,每次扣0.5分,扣完为止							

（续表）

管理内容	一级指标	二级指标	三级指标	权重分值	时间节点	预期成果	评分标准	责任人	完成情况	证明材料	未完成原因	自评得分	评估小组核验分数	核验扣分说明
人才培育			培育和引进2名教育名家	9	12月31日	培育和引进2名教育名家相关材料	未完成1名，扣5分							
			培育和引进20名教授级中学高级教师、省特级教师	9	12月31日	培育和引进20名教授级中学高级教师、省特级教师相关材料	未完成1名，扣0.5分							
			做好选拔与遴选教育人才工作	9	7月31日	完成选拔与遴选	出现未完成、不公平、不公正、不公开等情况，每次扣1分，扣完为止							
			做好审查与评审教育人才工作	9	8月31日	完成审查与评审	出现未完成、不公平、不公正、不公开等情况，每次扣1分，扣完为止							
			按期拨发教育人才奖励资助资金	9	按期	完成奖励资助划拨计划	未完成得0分							
			做好奖金管理和绩效评估	9	12月31日	完成奖金管理和绩效评估	出现未完成、不公平、不公正、不公开等情况，每次扣1分，扣完为止							

（续表）

管理内容	一级指标	二级指标	三级指标	权重分值	时间节点	预期成果	评分标准	责任人	完成情况	证明材料	未完成原因	自评得分	评估小组核验分数	核验扣分说明
人才管理	强化组织领导	强化组织领导	成立教育系统人才工作领导小组,召开教育系统人才工作会议	8	3月31日	教育系统人才工作领导小组,按期召开教育系统人才工作会议	未完成得0分							
人才培育		加强培养选拔	遴选表彰2012年姑苏教育人才	8	3—12月	遴选表彰2012年姑苏教育人才计划	未完成得0分							
人才培育	常规职能工作	搭建引智平台	做好"春晖杯"在线访谈	7	7月31日	"春晖杯"在线访谈相关记录材料	未完成得0分							
			组织"春晖杯"项目参加苏州国际精英创业周	7	7月31日	组织"春晖杯"项目参加苏州国际精英创业周的计划与实施相关材料	未完成得0分							
		落实生活待遇	做好高层次人才子女入学服务工作	6	1—12月	高层次人才子女入学服务工作计划与实施记录	未完成得0分							

【资料3】

HD集团绩效管理

作为某行业的标杆企业,HD集团的绩效管理值得学习和借鉴。

一、HD 的绩效管理原则

企业需要有原则或者是方针来指导管理工作的展开。HD 集团倡导站在管理的角度考虑问题，不能感情用事。因此，HD 在进行绩效管理时的第一个原则就是——严格。

只有用严格的制度管理，才能化解人为因素导致的风险，保障企业稳健发展。在 HD，绩效管理重在考核，严在执行，它全面采用目标计划管理、绩效考核等一系列管理手段，以刚性的制度和强大的执行力来推动绩效目标的实现。

二、重视绩效计划

在 HD，绩效管理强调通过计划、组织、指挥、协调与控制等管理手段来提高公司、部门及员工个人业绩，以确保企业战略目标的实现。经过多年的摸索与实践，HD 已经将绩效管理融进企业目标计划管理当中，并取得了良好的效果。

在 HD 的绩效管理中，首要的环节就是制订绩效计划。HD 所制订的绩效计划体现出两个特征：一是能对企业战略目标进行有效的支撑；二是能真正体现员工的实际工作业绩。

以企业战略目标为导向的绩效管理是根据企业战略发展的需要来确定员工的努力方向和行为标准，员工应该做什么，做成什么样子，都是企业的战略逐层分解的结果。当然，好的企业战略目标还需要公司员工共同努力去实现。

三、全员参与

2005 年，HD 集团开始实行全面的绩效考核管理制度，上到集团高管，下到普通员工，全部参与到以战略目标实现为导向的绩效考核体系中。集团特别强调了绩效管理的重点是"全员参与、重在执行、严在考核"。他认为，绩效管理是所有人的工作，高层管理者需要通过绩效管理来实施战略、达成目标，中层管理者通过绩效管理来更好地完成部门任务，对于员工个人来说，绩效管理有助于达成工作目标、提高个人绩效、实现职业生涯发展规划,总之,绩效管理是企业中所有人的任务。

HD 除了考核各部门的负责人以外,还对集团领导班子进行考核。

所有考核均将计划完成率与奖励工资挂钩,根据延迟情况计算完成率,算出实际得分,进行奖励、处罚。

绩效考核的标准来自岗位职责和目标计划,HD 在目标计划管理上也是相当严格、全面和科学:HD 首先制定企业的发展战略和中长期工作目标,围绕企业的中长期工作目标制订三年计划,再以年计划确保三年计划,以半年计划、季度计划确保年计划,以月度计划、两周计划、周计划确保季度计划、半年计划。

四、绩效考核全面而明细

HD 的绩效考核体系非常全面而细致,全体中层干部和普通员工的每一项职责都有详细的考核标准,考核以季度为周期,采用公司全员考核的方式,即于每年 1 月份、4 月份、7 月份、10 月份完成上一季度全员的综合考评工作。

在综合考评的内容构成上,按照集团公司对中层干部及普通员工岗位的不同要求,从综合素质、精神作风、工作业绩三大方面分别进行全方位考察,其中综合素质占 20%、精神作风占 40%、工作业绩占 40%,总分为 100 分。

每一层级的考评方式会略有不同,以中层干部和普通员工为例,中层干部的考评由主管领导综合评议、部门中层民主评议及部门员工民主评议三方面组成;普通员工的考评由部门领导综合评议、部门中层民主评议及部门员工民主评议三方面组成。最终考评结果采取加法平均的计算方式,将三方面的得分按照 4:3:3 的比例进行加权计算。

五、考核结果应用

HD 目前实行的绩效考核结果应用,主要体现在以下几个方面:

1. 员工的奖金和工资同绩效挂钩

目前,很多中国企业员工的奖金并没有真正和个人绩效挂钩,有的只是凭评估者印象发放,有的干脆在分配中采取平均主义,没有真正发挥其对员工的激励作用。HD 并非如此,它每一位员工每月都有奖金系数,都同工作绩效挂钩。

HD 将绩效考核结果作为员工月度和年度奖金分配的核心依据。其中,月度考评结果决定了奖金发放倍数;季度综合考评结果决定了奖金发放的调节系数;考评结果采用强制排序,分为三个等级,对应的人数比例分别为 20%,60% 和 20%,相应的绩效系数为 1.2,1,0.8;员工月度奖金基数由占月薪资额 50% 的月浮动奖金及月薪资额 30%~60% 的额外奖金共同组成。HD 对考核结果的应用采取正负双向激励,体现奖罚对等,即绩效考核有倒扣机制,绩效奖金甚至可能是负数。

2. 员工的能动性同绩效挂钩

中国的不少企业虽然将员工的绩效与奖金和工资挂钩,但并未真正调动员工的积极性,有的绩效管理程序复杂,有的绩效管理过程不公。HD 从根本上避免了这些问题,它的绩效管理过程公平公正,绩效管理程序简单有效,确保第一时间激发员工的能动性,100% 实现绩效成果反馈。

3. 员工的职业生涯规划同绩效挂钩

员工的绩效,不仅仅体现出了员工某一时期的成绩和问题,也应当体现出企业对员工职业规划安排。当前,许多企业的员工只是为公司"打工",没有使自身的职业生涯与企业的发展结为共同体,主人翁意识不强,HD 则利用合理科学的绩效考核管理形成了卓有成效的职业规划体系,成功实现从人力资源向人才资本的转变,有效的绩效考核确保了员工归属感及职业规划的实现。

根据绩效考核结果,结合其他考核,HD 集团会发掘出绩效突出、素质好、有创新能力的优秀管理人员和员工,然后按照公司经营方针与长远发展战略对他们的要求,通过岗位轮换、特殊培训等方式,从素质和能力上进行有针对性的全面培养,及时提高他们的能力水平。

这些措施强化了员工的绩效意识,促使他们努力去提高能力,完成绩效目标,也使人力成本向人力资本转化的目标得到了具体落实。

除了以上的特点,HD 还创造性地将组织绩效直接纳入员工考核,通过重奖重罚以强化执行,并有效地将个人绩效与组织绩效联结,形成"心往一处想、劲往一处使"的局面,使得企业可以敏捷应对持续变化的环境。

（资料来源：HD 集团绩效管理体系方案[EB/OL].(2020-05-07).
https://wenku.baidu.com/view/e2387681842458fb770bf78a6529647d2
62834ed.html.）

实训项目 2

编写绩效计划书

⦿ 实训目的

绩效计划是绩效管理中的关键环节。绩效计划既是指标的分解、落实,也是考核的依据,这一阶段的工作决定着绩效管理的成败。

实训所要达到的目的有:

(1)掌握绩效计划制订的依据。

(2)掌握绩效计划书的编写格式及内容。

⦿ 实训步骤

(1)阅读资料1,然后进行小组讨论,完成其中的思考题。

(2)阅读资料2,用规范格式改写"＊＊大学副教授岗位绩效计划书"。

⦿ 实训报告

1. 阅读资料1,思考并讨论以下问题:

(1)蔡经理的绩效计划沟通主要涉及哪些内容?

(2)在本次绩效计划沟通中,蔡经理在分配工作任务时遇到了什么问题?是如何解决的?

(3)从本次绩效计划沟通的情况来看,你认为蔡经理在后续的绩效考核过程中,应重点关注哪方面的问题?

(4)结合案例信息,勾选符合考核对象小李的考核指标,如表1所示。

表1 绩效考核指标

序号	指标名称	指标定义	确定考核指标
1	诊断报告初稿的质量	从结构完整性,逻辑合理性,是否出现错别字、病句等方面综合评定	
2	薪酬体系设计报告提交的及时性	是否在规定的时间节点前提交诊断报告初稿	
3	薪酬体系设计报告的质量	从结构完整性,逻辑合理性,问题分析与客户实际的契合度,针对客户的实际问题给出的解决办法是否可行,是否出现错别字、病句等方面综合评定	
4	调研问卷分析结果的及时性	是否在规定的时间节点前提交诊断报告初稿	
5	诊断报告汇报及时性	是否在规定的时间节点进行汇报	
6	绩效体系设计报告提交的及时性	是否在规定的时间节点前提交诊断报告初稿	
7	绩效体系设计报告的质量	从结构完整性,逻辑合理性,问题分析与客户实际的契合度,针对客户的实际问题给出的解决办法是否可行,是否出现错别字、病句等方面综合评定	

(5) 完成考核对象小李和小赵的绩效计划书(如表2、表3所示)的其他内容,如指标的考评标准、权重、数据来源等。

表2 小李的绩效计划书

| 被考评人姓名:小李 | | 所属部门:咨询部 | | | 岗位名称:咨询顾问 | | | |

序号	指标	指标定义/计算方式	评分标准	权重(%)	实际完成情况	数据来源	评分
1	诊断报告初稿的质量	从结构完整性,逻辑合理性,是否出现错别字、病句等方面综合评定					
2	薪酬体系设计报告提交的及时性	是否在规定的时间节点前提交诊断报告初稿					
3	薪酬体系设计报告的质量	从结构完整性,逻辑合理性,问题分析与客户实际的契合度,针对客户的实际问题给出的解决办法是否可行,是否出现错别字、病句等方面综合评定					

（续表）

序号	指标	指标定义/计算方式	评分标准	权重(%)	实际完成情况	数据来源	评分
4	调研问卷分析结果的及时性	是否在规定的时间节点前提交诊断报告初稿					
5	诊断报告汇报及时性	是否在规定的时间节点进行汇报					

表 3　小赵的绩效计划书

被考评人姓名：小赵		所属部门：咨询部			岗位名称：咨询顾问		
序号	指标	指标定义/计算方式	评分标准	权重(%)	实际完成情况	数据来源	评分
1	绩效体系设计报告提交的及时性	是否在规定的时间节点前提交诊断报告初稿					
2	绩效体系设计报告的质量	从结构完整性、逻辑合理性，问题分析与客户实际的契合度；针对客户的实际问题给出的解决办法是否可行，是否出现错别字、病句等方面综合评定					

资料来源：上海踏瑞计算机软件有限公司绩效管理实训软件改编。

2. 阅读资料 2，用规范格式改写"＊＊大学副教授岗位绩效计划书"。

【评分要点】

1. 正确回答实训报告 1 中 5 个问题。

2. 绩效计划书格式正确；绩效计划书内容齐全；绩效计划书编写依据明确。

◎ **实训资料**

【资料 1】

Z 公司项目团队的绩效考核

Z 公司作为一家从事企业管理咨询服务的企业，以项目团队的形式，承担企业管理咨询业务。最近,Z 公司又签约了一家 L 企业,为这家企业提供绩效和薪酬优化方案。

项目经理由蔡经理担任,顾问两名,分别是小李和小赵。蔡经理是位经验非常丰富的项目经理,绩效体系和薪酬体系设计的专业能力强;小李是一位在人力资源管理方面比较有经验的顾问,与蔡经理以前合作过,对于小李的工作能力,蔡经理心中有数;小赵是这次组建团队时新加入的,以前没有合作过,蔡经理从他的项目经历来判断,其能力应该还不错。

在分工方面,蔡经理主要负责与客户企业高层的沟通、项目组的工作任务分配与日常管理监督、两份核心方案初稿的把关与汇报和方案实施指导;小李主要负责设计薪酬方案的初稿;小赵主要负责收集客户资料、设计绩效方案以及处理日常事务。

在任务分配方面,由于采取项目经理负责制,所以项目组的人员工作任务的分配、工作任务完成结果的评价、项目奖金的分配、乃至项目人员在项目组的去留等,都是由项目经理决定,由项目总监审批。项目总监一般情况下会完全尊重项目经理意见。

在项目期间,项目小组的顾问需要配合、服从项目经理的管理,与项目经理共同完成合同内容,对项目经理负责。

蔡经理制定的任务分配清单见表 4。

表 4　Z 公司项目小组任务清单

分工 工作内容			分析		梳理			报告		
审核	主导	协助	调研分析	问题分析	战略梳理	绩效体系	薪酬体系	诊断报告	绩效报告	薪酬报告
蔡经理	蔡经理	小李	调研问卷及其统计和分析;两个模块分析同时进行		一起梳理			(1) 调研问卷的设计 (2) 部分诊断报告初稿、诊断报告终稿的把关 (3) 绩效报告初稿的审核,终稿的把关 (4) 薪酬报告初稿的审核,终稿的把关		

（续表）

分工 \ 工作内容			分析		梳理			报告		
审核	主导	协助	调研分析	问题分析	战略梳理	绩效体系	薪酬体系	诊断报告	绩效报告	薪酬报告
蔡经理	小李	/			一起梳理			（1）调研问卷的发放、统计 （2）部分诊断报告初稿 （3）薪酬报告初稿		
蔡经理	小赵	/	问题分析，讨论思路		一起梳理			（1）调研问卷的发放、统计 （2）部分诊断报告初稿 （3）绩效报告初稿 （4）其他协助工作		
客户	蔡经理	小李 小赵			进行成果确认和进一步探讨					

Z公司开展绩效管理工作实施前，所需要的相关资料见表5。

表5　Z公司开展绩效管理工作所需要的相关资料

资料名称	资料说明
项目小组任务清单	主要明确项目小组的分工
项目小组工作计划	主要明确各报告提交的时间节点、项目经理的验收标准
项目小组奖金分配方法	主要明确项目组本次总奖金额度、顾问在以前项目承担的工作任务与奖金收入的额度、本次项目经理与顾问的分配系数
项目小组成员考勤记录表	主要记录项目期间各成员的出勤情况，为最终的项目奖金分配提供依据
咨询顾问岗位说明书	主要说明咨询顾问的岗位职责、工作任务

蔡经理在与小李、小赵进行绩效沟通之前，制订了工作任务分配计划（见表6）。

表6 工作任务分配计划

	序号	工作内容	责任人	所需时间（天）	日　　期
第一阶段		访谈、问卷调研			
	1	根据访谈计划进行访谈	蔡、李、赵	10	5月4日—5月13日
	2	设计问卷、发放与回收问卷、数据分析	蔡、李、赵	5	5月4日—5月8日
		诊断报告设计		5	5月6日—5月13日
	1	对整体经营状况、战略、企业文化等方面进行分析	蔡经理	15	5月14日—5月28日
	2	对薪酬、绩效部分进行分析	小李	10	5月14日—5月23日
	3	诊断报告合并、审核、修改、汇报	蔡经理、小李	10	5月14日—5月23日
		绩效、薪酬体系设计		5	5月24日—5月28日
第二阶段	1	对客户绩效问题进行分析，根据问题提出解决措施，并根据修改意见进行修改	小赵	35	5月29日—7月3日
	2	对绩效体系设计对报告初稿进行审核、把关，提出修改意见并汇报	蔡经理	25	5月29日—6月22日
	3	各阶段的资料搜集、协助支持等	小赵	10	6月23日—7月2日
	4	对客户薪酬问题进行分析，并根据问题提出解决措施，并根据修改意见进行修改	小李	—	5月4日—7月3日
	5	对薪酬体系设计对报告初稿进行审核、把关，提出修改意见并汇报	蔡经理	8	6月23日—6月30日
				3	7月1日—7月3日

蔡经理与小李、小赵在办公室就工作任务进行了如下沟通：

蔡经理：我们公司这个项目的服务内容是首先对 L 公司进行一个管理方面的诊断，诊断的方式是我们项目组成员先对中层、高层管理人员和骨干员工进行访谈，然后向全员发放调查问卷，回收问卷后进行分析。

接下来根据我们了解到的问题，进行绩效、薪酬的设计。一共要出三份报告，分别是诊断报告、绩效体系设计报告、薪酬体系设计报告，然后指导 L 公司进行这些方案的实施，项目时间一共是 2 个月。

小李：时间有点紧，我们需要分工完成吧。

蔡经理：是的，我根据对你们以前所做项目的了解，做了一个初步分工安排：首先是我们一起对客户进行访谈，问卷我来设计，你俩负责问卷的发放、回收、统计。这期间，小赵主要负责整理访谈资料等协助工作，我和小李负责编写《诊断报告》；小李对人力资源模块相对比较熟悉，我们先讨论一下，然后你来编写《薪酬体系设计报告》，初稿给我审核，我来把关。小赵以前对人力资源相关模块不太了解，看你多少接触过绩效的内容，先看看我给你准备的相关资料，消化理解一下，然后我们先讨论 L 公司的绩效管理问题，你再来起草编写《绩效体系设计报告》，初稿给我审核，我来把关；然后我再对绩效、薪酬部分统一审核、修改，一起汇报。这样你们的任务基本就完成了，后续的辅导实施，由我负责。

小赵：蔡经理，那具体的时间节点呢？

蔡经理：我做了一份工作计划发给大家，请大家看一下。

小李：那蔡经理会以什么标准对我们进行评价呢？

蔡经理：首先，你们的初稿，一定要按时提交；质量方面，结构要完整，逻辑要合理，选用的分析工具要合适。此外，不允许出现错别字、病句，格式要规范。我在审核的时候，重点对报告结构完整性、论据客观性、逻辑合理性、问题分析与客户实际的贴合度、针对客户的实际问题给出的解决办法等等进行评判。

小赵：蔡经理，那就是除了提交的时间节点外，报告质量的评价是以你的意见为主吧？

蔡经理：对的。如果我觉得不错，会给你们一些我的反馈意见。然后会给客户那边的对接小组进行初步审核,根据他们的反馈意见,我们一起讨论和修改。

小赵:蔡经理,我第一次独自编写《绩效体系设计报告》,关于逻辑合理性、问题分析与客户实际情况的贴合度,我不是很有把握,尤其是要根据客户的实际情况,在报告中给出的解决办法,我不是很有信心。

蔡经理:小赵,我理解你的担心,毕竟是第一次独立承担一份报告,但是想要成长,这样的机会必须要把握住。而且从项目分工协作来看,团队里每个人必须承担起一部分工作任务,这样才能保证团队效率。你的经验虽然不是很丰富,但是我还是愿意让你试一试。你写出的报告可能会达不到要求,我可能需要多花精力指导你,这点我也清楚。所以在奖金分配方面做了一点调整。根据前面给你们的任务量和你们对这个项目模块的熟悉程度,我建议的奖金分配比例是这样子,项目经理和作为核心顾问的小李以及作为顾问的小赵,我们三人的比例分别是1.5比1.5比1,你们觉得怎么样?

小李:我这次虽然承担的工作任务多一些,但是和项目经理是1.5:1.5的比例,我没意见。

小赵:就像蔡经理说的,成长的机会是非常重要的,能给我这次锻炼机会,我已经很开心了,我也没问题。

蔡经理:这只是初步的分配系数,我们这次项目的总奖金额度是16万,根据比例,初步的额度是项目经理6万,核心顾问是6万,顾问是4万。为了避免在工作过程中每个人的表现不够积极主动,同时为了避免内部相对不公平现象出现,我还要根据你们实际完成的工作任务质量进行打分,到时会根据打分结果进行核算。

小李、小赵:好的。

蔡经理:项目总监对我们项目也设置了奖励规则,总监规定,项目结束日期是7月3日,如果在7月15日之前全部回款,那么我们项目组的总奖金额度系数定为1.2,如果在7月20日之前全部回款,总奖金额度系数定为1.1;在7月20号之后回全款,系数为1。回不了全款,我们就会按回款的比例进行打折。

小李：关于项目回款方面的规定,这个没问题。

小赵：我也没问题。我想请问蔡经理,我们最后的考核得分怎么划分等级呢?

蔡经理：对你们个人最后的考核分数划分等级,我是这样设定的,得分在 91 到 100 分之间的,为优秀,系数为 1.1;得分在 86 到 90 分之间的,为良好,系数为 1;得分在 80 到 85 分所在等级是一般,系数为 0.9;得分在 71 到 79 之间的,是合格,系数为 0.8;低于 70 分的均为不合格,系数为 0.7。

小李、小赵：好的。

【资料 2】

＊＊大学副教授岗位聘用任务书

聘用单位(甲方)：＊＊学院

受聘人员姓名 (乙方)		专业技术职务		取得任职 资格时间	
岗位类别		□教学岗位　□科学研究岗位　□实验技术岗位　□行政管理岗位			
聘用岗位等级	副教授		聘用岗位 起始时间	2019 年 1 月	
岗位聘用期限		两年			

岗位职责：
(1) 完成学校规定基本工作量。
(2) 每学年承担讲授主干基础课(面对本科生)教学 90 学时以上。
(3) 三年内以主要作者(前三名)在核心期刊上发表论文三篇(含教学研究论文);或三年内编写、编著教材一部以上。
(4) 三年内至少参加(前三名)校级以上教学改革项目一项;或以主要完成人(前三名)完成学校下达的重大教学改革任务。
(5) 三年内参加(前三名)省级以上科研项目一项;或横向课题经费累计到款 3 万元(不含硬件费)。
(6) 每学年指导 1 名以上本科生毕业论文;三年内至少招收研究生 1 名以上。
(7) 受聘期间必须严格遵守学校有关制度,履行上述职责,若有 1/3 以上时间不在校工作,学校将给予解聘。
(8) 三年后经考核,由于个人原因未能完成上述职责,学校将给予解聘。

（续表）

聘用双方权利和义务：

(1) 聘用任务书签订后，乙方必须全面、认真地履行任务书规定的岗位职责。甲方必须保证乙方享受国家规定的相应的岗位工资、薪级工资及津贴补贴和学校相应的岗位津贴。

(2) 在聘任期内，甲方不得无故解聘乙方，乙方不得无故辞聘；乙方若提出调离，应至少提前3～6个月提出调离申请。

(3) 乙方有下列情形之一，甲方可以即时解除聘用任务书。①受聘人员年度考核不合格的；②严重违反工作纪律或规章制度的，给教育、教学和其它工作造成严重损失的；③被依法追究刑事责任的；

(4) 聘用期满或者双方约定的任务终止条件出现时，聘用任务书即自行终止。

受聘人承诺： 受聘人签字： 年　月　日	聘用单位意见： 聘用单位负责人签字： 单位公章： 年　月　日

（资料来源：刘秀英.绩效管理实训[M].杭州：浙江大学出版社，2016.）

实训项目 3

设计绩效指标体系

实训目的

实训所要达到的目的有：

（1）了解考核指标的内容来源、考核指标的类型以及考核指标必须要符合的要求。

（2）掌握考核指标的权重制定方法：权值因子判断表法。

（3）掌握考核标准计分的方法：比率法、加减分法、等级计分法、否决计分法。

实训步骤

（1）学生首先阅读资料 1—4，然后围绕如下问题进行小组讨论：如何拟定指标，如何制定指标的权重。

（2）学生阅读资料 5—6，模仿资料 5，依据资料 6《公交公司司机的社会承诺》，为公交司机设计绩效考核指标体系。

实训报告

结合资料 1—6，完成公交司机绩效考核指标体系的设计，要求包含以下内容：制定考核指标并说明绩效指标选择的依据；考核指标权重及计算过程；考核指标的计分方法及选择计分方法的原则。

【评分要点】

（1）公交司机绩效考核指标体系的设计是否明确具体、科学客观、简便易行,可操作性如何等。

(2)语言流畅、文字简介、条理清晰。

◎ 实训资料

【资料1】

××公司关键战略目标

维度	战略目标
财务指标	销售收入、非钢产业收入、利润总额、人均产值、资产负债率、成本费用利润率、总资产贡献率、资产保值增值率、总资产增值率
内部运营	钢产量、人均钢产量、全员劳动生产率、可比成本降低率、钢材综合合格率、质量损失率、新产品比例、新产品开发数量、品种钢比例、研发投入销售占比、吨钢综合能耗、千人负伤率、污染物综合排放达标率、吨钢二次能源发电量、关键设备故障停机率、采购率、供应商满意率
顾客市场	客户满意度、客户忠诚度、目标市场占有率、合同兑现率
学习与成长	培训计划完成率、培训投入、员工满意率、全员劳动生产率

[资料 2]

××公司用平衡计分卡设计的绩效指标

维度	战略主题	财务要素	指标名称	BSC指标				管理跟踪部门
				单位	权重	基准值	卓越值	
关联计分卡	油田公司整体利益最大化	稳定、持续的新增固定产投资回报	公司固定资产投资回报率	%	5%			财务处
效益层面	可持续发展主题	完成油气生产任务	油气商品量	万吨	12%			生产运行处
		控制操作成本	油气单位操作成本	元/吨	16%			财务处
		增强油气资源基础	新增探明石油地质储量	万吨	8%			油藏评价部
财务层面	提升企业形象	高效执行	执行力及工作效率	%	5%			人事处（组织部）
运营层面	提高资源保障能力	提高油气田开发管理能力	自然递减率	%	6%			开发部
			综合递减率	%	4%			
		老区产能建设	新建老区产能	万吨	3%			油藏评价部
	提升运营水平	加强设备管理	设备综合完好率	%	3%			装备管理处

（续表）

维度	战略主题	财务要素	BSC指标					管理跟踪部门
			指标名称	单位	权重	基准值	卓越值	
战略能力发展层面	提高创新贡献率	提高投资管理水平	年度投资计划投资	%	7%			规划计划处
		控制运营管理风险	全面风险管理体系通过率	%	5%			企管法规处
		强化科技项目管理	科技项目计划完成率	%	3%			科技信息处
	严格履行社会责任	节能降耗	节能降耗	万吨目标煤/万立方米	3%			生产运营处
	优化人力资本结构	提高员工综合素质	培训计划完成率	%	3%			培训中心
		支部建设	党支部建设达标率	%	2%			人事处（组织部）
	提升组织创新效能	强化基础建设	基层建设创建活动达标率	%	5%			企业文化处
		管理人员组织承诺	管理人员组织承诺度	%	5%			人事处（组织部）
		创建学习型组织	团队学习与创新能力提高	分	5%			企业文化处
发生安全环保责任事故的，按安全环保责任书规定追究受约人和单位的责任；发生不稳定事件的，干部队伍发生党风廉政问题，按公司相关规定追究受约人责任。								质量安全环保处维稳办

[资料3]

××热轧部转炉车间月度绩效管理评分表示例

类别	指标名称	指标类型	评价标准	考核部门	目标值	权重	考核得分
关键绩效指标KPI(80%)	单位成本	战略型	每减增 1.16 元/吨,加减 1 分	财务科		20%	
	钢铁料消耗	关键运营型	每减增 1 千克/吨,加减 0.8 分	技术科		20%	
	大包成分合格	关键运营型	每增减 1%,减加 0.5 分;造成产品降判减 0.8 分	技术科		15%	
	倒包及回炉钢水	关键运营型	每 100 吨,减 0.2 分	生产科		10%	
	能源总成本、能源单项指标及工序能耗	专项监控型	按现行能源经济责任制加减分。具体分值按上月车间基本奖	设备科		10%	
	备件计划命中率	专项监控型	每增 0.19 减 0.8 分	设备科		5%	
分项小计					小计	80%	
重点工作项目GS(20%)	重点任务 1(示例)		包括热轧部所安排的重点工作,各车间(科室)自行安排的当月重点工作;重点工作任务的内容逐期不同,考核的关注点也有所差异				
	重点任务 2						
	重点任务 3						
	重点任务 4						

（续表）

类别	指标名称	指标类型	评价标准	考核部门	目标值	权重	考核得分
		分项小计			小计	20%	
其他加减分项	专项管理考核						
各分项合计							

[资料 4]

××热轧部综合办公室关键绩效管理指标库示例

序号	关键职责 (基于岗位说明书)	关键业绩指标	指标定义/计算公式	考核评分	备注
1	月末制订下一月度工作	部门工作的计划性	有无季度工作计划,考核主体审核发现制订计划中缺失的重要工作内容的数量		
2	月末检查工作计划完成	部门工作计划完成率	逐条核实计划是否按时完成,已完成的工作项数÷计划的工作总项数×100%		
3	为各项会议的顺利召开,做充分的准备工作,保证会议有序地进行	会议组织的质量	会议组织安排的及时性,因会议准备不足而造成会议延误或会议中断的次数		

170

（续表）

序号	关键职责 （基于岗位说明书）	关键业绩指标	指标定义/计算公式	考核评分	备注
4	确保各类文件传递的及时性、准确性	文件传递效率	考核期内未按照文件的紧急程度及时、按质传递文件的次数		
5	保证各类行政文件及时、准确的制作、印发	文件制作率和质量	按照文件类型制作、印发文件的及时性、准确性，发生影响文书记录质量的严重错误次数		
6	文化宣传内刊的发行	内部刊物按时出刊状况及质量评定	内刊有无延误发行、文章中错字率		
7	机要档案管理	机要档案和文件归档的及时率	机要档案和文件归档的及时率＝规定时间归档的文件数÷规定时间内应归档的文件总数×100%		
8	保证公章、证照等规范、合理的使用	未按规定使用印章、证照的次数	按规定使用印章正确与否、未按制度规定使用印章的次数		
9	确保OA系统的日常维护	OA系统正常使用率	OA系统正常使用的天数÷考核周期天数×100%		
10	车辆、司机的日常管理	各高层管理人员对司机服务满意度；出车安全率；车辆调配的合理性	各高层管理人员对司机服务满意度由各高层管理人员打分；出车安全率＝安全出车次数÷实际出车次数×100%；车辆调配的合理性为根据实际用车需求但无车可用等现象发生的次数		
11	办公用固定资产、办公用品采购的日常维护与管理	行政办公设备的完好率；办公设备采购按时完成率；办公用品领用与管理	行政办公设备的完好率＝在用完好办公设备数÷办公设备总数×100%；办公设备采购按时完成率＝办公设备采购到件数÷办公设备计划采购件数×100%；办公用品领用未登记领用次数		
12	公关接待工作	公关接待工作完成情况	根据接待情况酌情打分		
13	公共关系的日常维护	公关关系维持的有效性	因政府关系没处理好而使业务受损次数、公司发生危机公关次数		

（续表）

序号	关键职责（基于岗位说明书）	关键业绩指标	指标定义/计算公式	考核评分	备注
14	行政事务的日常管理	行政管理制度的适宜性和可操作性；行政管理目标计划的达成率和实施的有效性；行政事务处理的及时性和有效性	根据行政管理制度的日常运行适应现实工作的程度酌情打分		
15	组织入党积极分子入党、预备转正、党员评优、党员团队建设等活动的开展	党团活动开展及时率	党团活动开展及时率＝按时开展党团活动次数÷周期内开展党团活动次数×100%		
16	武装保卫	保卫部联查合格率	保卫部联查合格率＝查无案件完成次数÷治安案件发生次数×100%		
17	标准化建设	标准化作业文件合格率	标准化作业文件准确性、发生影响文书记录质量的严重错误次数		
18	现场管理	现场管理达标率	现场管理达标率＝已达到的现场管理各项目标÷现场管理各项目标总数×100%		
19	法律风险防控	涉及的法律事件处理有效性或诉讼成功率；诉讼事件处理结果与公司方案的一致性；对于对外签署的法律文件提出意见的有效性；非诉讼业务办理的及时性	现场管理达标率＝诉讼成功性或法律诉讼总的诉讼成功的次数÷法律诉讼总数×100%；诉讼事件处理结果与公司方案的一致性＝公司批准的诉讼方案与诉讼结果的比较；对于对外签署的法律文件的有效性＝经办公室审合规、签证等非诉讼业务办理延误次数＝经办公室审理他的法律文件为公证、签证等非诉讼业务办理延误次数		

172

[资料 5]

××公司客户服务人员的绩效考核表

考核指标	权重	考核标准										得分
		比率	扣分	比率	扣分	比率	扣分	比率	扣分	比率	扣分	
专业技能、接听质量	30%	抽查每次不合格扣 2 分，扣完为止；性质严重的另行处罚										
客户投诉解决率	20%	0%	0	0～0.4%	2	0.5%～1%	4	1.1%～1.5%	10	1.5% 以上	10	
回访完成率	10%	100%	0	95%～99%	1	96%～80%	2	81%～75%	3	75% 以下	5	
回访真实度	10%	0%	0	1	1	2	2	3	3	5 条以上	5	
客户满意度	10%	100%	0	95%～99%	1	96%～80%	2	81%～75%	3	75% 以下	5	
报表上交真实性	10%	不真实的，每次扣 2 分，本项分值扣完为止；性质严重的另行处罚										
审计、纠错及行政通报等	10%	从当月总分中扣除，每次扣罚 2～10 分，视问题性质由人力资源部会同客户服务部经理讨论决定，当月分值扣完为止										
奖励		收到顾客表扬信一次，加 1 分；被部门表扬一次，加 2 分；被公司表扬一次，加 3 分；被媒体表扬一次，加 5 分（需要分部提供文字材料）										
处罚		被部门批评一次，扣 2 分；被公司批评一次，扣 3 分；被媒体批评一次，扣 5 分										
总计												

173

【资料6】

公交公司司机的社会承诺

1. 规范运营。准点发车;正点运行;首班车准点率10%;

2. 车容整洁。车辆设施齐全;座位、扶手、玻璃无缺损;车辆内外清洁;头、腰、尾牌齐全、清晰。

3. 设施齐全。站亭、站牌等站路设施完好无损,站牌信息准确醒目。

4. 服务规范。司机挂牌服务;报站清晰准确;热情解答乘客问题,服务用语文明;照顾老、幼、病、残乘客。

5. 安全行驶。停稳车开门,关门起步;遵守交通规则;不超速行驶;不开斗气车;不打手机和闲谈。

6. 按章售票。严格执行收费标准,票据齐全;驾驶员不用手接钱;电子收费刷卡机发生故障时,持B、C卡种的乘客可免费乘车。

(资料来源:刘秀英.绩效管理实训[M].杭州:浙江大学出版社,2016.)

实训项目 4

设计"绩效实施沟通记录表"和"关键事件记录卡"

◎ 实训目的

绩效辅导是因考核双方未达到绩效目标而进行的绩效沟通工作,绩效辅导沟通是绩效管理的重要环节,如果这个环节工作不到位,绩效管理将不能落到实处。

绩效管理辅导的目的在于了解员工的工作状态,改进员工的不当行为,强化员工的责任使命,使员工能正确对待工作,自觉地融入企业价值创造的过程中来。

绩效沟通与辅导贯穿于绩效管理的全过程,在直接上、下级之间进行,针对不同的群体和接受程度采用会议讲评、专题讲座、个别谈话、新闻引导、信息公布等多种形式,并形成绩效辅导记录。每一次阶段性考核评价结果出来后,都要进行针对性辅导。实训所要达到的目的:

(1)掌握"绩效实施沟通记录表"的设计方法。

(2)掌握"关键事件记录卡"的设计方法。

◎ 实训步骤

(1)阅读资料 1,完成以下任务:

① 为直线经理设计一张"绩效实施沟通记录表"。

② 为直线经理设计一张"关键事件记录卡"。

(2)阅读资料 2,然后进行小组讨论,完成思考题。

实训报告

(1) 阅读资料1为直线经理设计一张"绩效实施沟通记录表"和"关键事件记录卡"。

(2) 阅读资料2,思考并讨论以下问题。

① 通过上述过程追踪中的信息,是否可以认为小李的股权激励报告完成情况比较及时,但是质量上略有问题但整体上还不错?

② 蔡经理对小赵负责的绩效部分是如何进行追踪的? 可能会造成什么隐患?

③ 如果你是蔡经理,应该在过程追踪中注意哪些问题?

(A) 时刻提醒自己,绩效考核追踪是个过程。

(B) 在过程中对小李和小赵工作任务完成情况的检查要有连续性,不能仅仅是口头沟通、提醒。

(C) 建立一张追踪表格,把过程追踪分阶段进行,把他俩各自的工作情况相应记录。

(D) 在过程中对小李和小赵工作任务完成情况的检查仅仅口头沟通、提醒。

(E) 及时发现问题,及时解决问题,工作结果无偏差。

④ 蔡经理的错误是否主要是前期过程追踪不及时、不到位,有些想当然?。

⑤ 试分析案例中出现的情况,说一说为什么绩效考核的过程沟通是非常重要的? 在过程沟通中,上下级应该怎样做?

⑥ 根据上述案例推进信息,下面哪些说法是正确的?

(A) 蔡经理发现小赵部分的报告存在很多问题,出乎蔡经理的意料,而且所剩时间不多。

(B) 针对这种情况,蔡经理提出由自己负责修改小赵负责的部分。

(C) 蔡经理向小赵说明会调整奖金分配。

(D) 蔡经理提出的措施,主要是因为小赵提交的报告初稿质量不过关,他负责的这部分报告问题非常多,而所剩时间又非常紧迫,没有时间再允许小赵慢慢去修改,蔡经理需要亲自花费大量的时间和精力进行修改。

【评分要点】

（1）绩效监控沟通记录表、关键事件记录卡格式正确,内容齐全,目的明确。

（2）基本正确回答实训报告中针对资料2的问题。

○ **实训资料**

【资料1】

企业绩效辅导沟通表格

绩效考核评价每一次阶段评价结果出来后,都要进行针对性辅导,并完成如下表格:

员工绩效辅导记录

谈话日期：＿＿＿＿年＿＿＿＿月＿＿＿＿日

被考核者姓名：＿＿＿＿ 职位：＿＿＿＿

考核者姓名：＿＿＿＿ 职位：＿＿＿＿

回顾目标：（讨论上阶段绩效执行情况）

最近一次绩效评价结果是：

沟通评价结果：（对绩效执行情况进行沟通,并达成一致）

改进方向及改进措施：（讨论优缺点：在此基础上提出改进措施、解决办法）

被考核人意见：

考核人签名：＿＿＿＿ 被考核人签名：＿＿＿＿

关键事件记录卡			
时间	2015 年 10 月 29 日	地点	细纱车间
人物	韩会军师傅		

事件简要过程:
1. 每天仔细检查每台机器的运作情况,查看是否有零件松动,是否需要维修。
2. 通过拧螺丝次数统计该机器须定期维修的期限。
3. 总是赶在机器停歇间隔时维修。

见证人签字:刘雅琦主任
当事人签字:韩会军
记录人签字:朱怡

【资料 2】

Z 公司项目团队的绩效考核

资料企业背景,请见实训项目 2 资料 1。

项目第一阶段基本是顺利的,相关工作的开展按照计划逐步推进,诊断报告得到了客户的认可。进入第二阶段后,薪酬体系是重头戏,蔡经理将大部分精力都放在了这方面。对小李所负责的薪酬体系的部分报告,蔡经理在忙手头工作的同时,也时不时地给予关注,并和小李讨论所有与薪酬体系相关的问题,毕竟两个人合作的是同一份报告,经常讨论,既可拓宽思路,又有利于报告的系统性。

由于蔡经理过程中与小李密切互动,沟通充分,加上小李以前接触过薪酬体系,具有不错的基础,小李所负责的薪酬体系报告提交及时,只是在解决措施上存在一些问题。蔡经理看了初稿后比较满意,提出了一点个人修改意见,小李根据意见进行了修改后,蔡经理将报告整合,提交给了客户。

在此期间,蔡经理安排小赵看了大量的绩效相关的资料,让小赵自行消化,遇到不懂的地方可随时与他讨论。小赵每天也坐在电脑前翻看资料,并开始着手进行绩效体系设计报告的编写。

由于客户领导的出差,薪酬体系报告的汇报推迟了几天。这期间,蔡经理一直与客户对接小组进行密切的沟通,并与小李、小赵讨论了薪酬、绩效体系的大致思路。尤其是小赵,由于以前没有独立撰写过绩效方面的报告,蔡经理对小赵负责的绩效部分,进行单独的辅导。对小赵着重讲述了A公司绩效体系面临的问题,应该从哪些方面着手进行解决。

蔡经理认为,对于项目小组来讲,薪酬体系是块硬骨头,也是客户非常关注的重点,第二阶段的绩效体系相对来讲是比较成熟的模块,再经过集体讨论,小赵应该没问题。所以,蔡经理并没有像薪酬体系那样,过多的关注绩效体系的内容。

6月22日,到了小赵提交绩效报告的日子。小赵表示还没有写好,觉得自己还不满意,希望蔡经理再宽限几天。蔡经理看了看计划表,自己还有10天的时间审核和修改,就同意再宽限3天。

到了6月25日上午,蔡经理向小赵催要东西。小赵把绩效报告发给了蔡经理,蔡经理看完后,觉得问题非常多,本想找小赵面谈,但是因为正好在参加公司为期3天的年中封闭式会议,担心影响进度,就给小赵写了一封简单的邮件。

小赵:

你好!

我看了一下你发给我的报告,我觉得问题比较多,现在时间比较紧迫,但由于最近几天我在参加公司会议不能跟你面谈,现来邮告知,请根据我在邮件提到的内容先做仔细修改。

首先,从直观感觉上看,格式还有待完善,字体大小不一致,标题也没有突出。这是报告版式方面存在的主要问题。

其次,对A公司绩效问题的分析,并没有抓住A公司的特点和核心问题,报告中指出的问题,都是我发给你的资料中都涉及到的通用性问题。这样的分析和论述,客户会觉得这份报告不是针对他们公司自身的,放到哪里都一样。

前面我单独对你的工作进行了过程辅导和沟通,当时和你详细讲过A公司绩效方面存在的主要问题,但是在报告中没有看到这些内容的体现。说明你对A公司的具体情况还没有抓住核心。

我们项目还剩余7天时间,但是这份报告的问题实在太多了。这7天的时间里面,首先这前三天你根据我提到的问题去做一个修改,后续需要我自己重新整理、分析,因为时间紧迫,可能没有时间留给你慢慢琢磨,细细修改了。

此外还有一个问题,就是前面绩效沟通中提到的,由于这份报告的质量不过关,又没有时间再由你负责修改定稿,而是我来负责做最后的修改分析,那么奖金分配可能需要调整一下。

祝顺利!

小赵在收到蔡经理的邮件后及时回复如下:

蔡经理:

您好!

非常抱歉,第一次撰写的绩效报告就出了这么多问题,影响大家的进度了。

关于你在邮件中提到的A公司绩效方面存在的主要问题,我觉得我写了一些,但是在写的过程中,我的思路始终不是很清晰,语言表达也不是很合适。要么觉得没什么东西可写,要么就觉得写的不够详细,特别矛盾。可能很多的原因是因为我自己其实也不是非常清楚A公司的绩效困境该如何解决。

项目时间节点要到了,我在这三天一定会根据你指出的问题好好修改。此外关于项目奖金分配的问题,我接受,毕竟是因为我自己的工作完成的不到位造成的。我会认真修改,谢谢蔡经理再次给我机会。

祝工作顺利、生活愉快!

由于小赵这边出现了没有预料到的状况,蔡经理一边是非常焦急,要花比较大的时间和精力修改绩效部分,又意识到必须调整一下薪酬部分。于是蔡经理要求小李把手头已经完成的部分交给他,他先看一下。小李将写到一半的薪酬部分发给蔡经理,蔡经理看完后,觉得还不错,按照目前的思路和内容写下去,应该问题不大,自己不需要花费太大的时间来修改。因此简单和小李沟通几句后,各自忙各自的了。

实训项目 5

设计行为锚定等级评价表

行为锚定法是一种以工作行为典型情况为依据进行考评的方法。其基本思路是：描绘职位工作可能发生的各种典型行为，对行为的不同情况进行度量评分，在此基础上建立锚定评分表，作为员工绩效考评的依据，对员工的实际工作行为进行测评给分。员工典型工作行为一般是通过对工作中的关键事件分析获得的。行为锚定法的运用可以针对一个职位，也可以针对一个考核指标。

◉ 实训目的

认识"行为锚定法"；掌握行为锚定设计的基本要领。

◉ 实训步骤

阅读资料，进行小组讨论，编写团队协作行为锚定；课上交流，由教师点评；以组为单位，参考评分标准，在原资料基础上进行修改或说明；最后评定成绩。

（1）请学生在实训资料1中找出"行为锚定"的应用，说明什么是行为锚定法。

（2）汇总实训资料2和实训资料3，设计团队协作的"行为锚定"。

（3）请学生参阅实训资料1，为教师设计教学授课行为锚定等级评价表。

◉ **实训报告**

（1）回答如下问题：实训资料 1《巡警职位行为锚定》范例是只针对职位还是针对一个考核指标？说出针对职位的行为锚定设计的要领有哪些。实训资料 2、资料 3 是针对职位还是针对某个指标的行为锚定？如果针对的是指标，针对的是什么指标呢？

（2）为高校教师岗位设计教学授课行为锚定等级评价表。

【评分要点】

（1）资料报告(1)中的问题回答正确。

（2）"教学授课行为锚定等级评价表"设计符合规范，内容齐备。

◉ **实训资料**

【资料 1】

巡警职位行为锚定

评价等级	关键行为特征
7	总是提前开始工作，不仅带齐工作所必需的装备，而且穿戴整齐，在参加点名之前抽出一段时间检查前一班巡逻人员的活动情况以及各种新的公文，在点名过程中，将上一班巡逻人员的活动记录下来。
6	总是提前开始工作，不仅带齐工作所必需的装备，而且穿戴整齐，在参加点名之前检查一下前一班巡逻人员的活动情况。
5	提前开始工作，带齐工作所必需的装备，穿戴整齐。
4	按时参加点名，带齐工作所必需的装备，穿戴整齐。
3	点名时还未完全穿戴整齐，没有带齐工作所必需的装备。
2	点名时没能赶到，不检查装备或车辆是否存在损坏或需要修理的地方，不能在点完名之后立即赶去工作，需再回到存物间、车上或者回家去取必备的工作装备。
1	在点名结束之后才赶到，不检查装备和车辆，也没有带齐工作所必需的装备。

【资料2】

团队协作行为锚定等级评价表

评价等级	关键行为特征
7	善于与他人合作共事,能够尝试新观念,并得到相关岗位人员的一致认同
6	能积极参与团队交流与学习,得到大多数相关岗位人员的认同
5	能够与他人合作共事,能保证团队任务的完成
4	具备一般的合作精神,基本能够和他人配合完成工作
3	大致上与人相处愉快,偶尔会有摩擦
2	时常不能合作,难以相处,已对工作带来不良影响
1	独断专行或不能配合他人工作,做出对工作造成严重影响的行为

【资料3】

销售员岗位团队协作行为锚定等级评价表

评价等级	关键行为特征
8	把握团队长远利益,与团队其他成员保持长远合作,以保持销售业绩的不断提高
7	关注团队潜在需求,主动帮助团队其他成员
6	与团队其他成员保持紧密而有效的合作,并与合作者出色地完成规定的任务
5	为完成合作任务,提供团队所要求的服务
4	能够跟进团队步伐,行为一致,不拖后腿
3	没有团队合作的意识,被动地与团队其他成员合作,做事拖延,敷衍了事
2	被发现有欺骗和违背团队领导和团队成员的行为,导致团队遭遇损失
1	破坏同事的销售过程,导致失去重要客户

实训项目 6

模拟绩效反馈面谈

● 实训目的

绩效反馈面谈是通过考核者与被考核者之间的沟通,就被考核者再考核周期内的绩效情况进行反馈,在肯定成绩的同时,找出工作中的不足并加以改进。为了使绩效面谈真正发挥其应有的作用,达到绩效反馈预期的效果,在面谈中应根据面谈内容制定相应的步骤和策略。

实训所要达到的目的:

(1)掌握面谈模拟技巧,加深对绩效反馈面谈需要注意的事项的了解。

(2)利用 GROW 模型制定绩效面谈的步骤,练习填写面谈记录表。

(3)熟练运用汉堡法、BEST 法等绩效面谈技巧。

● 实训步骤

(1)阅读资料和观看绩效反馈面谈培训视频。

(2)进行小组讨论,以小组为单位进行绩效反馈面谈模拟训练,并拍摄视频记录。

(3)课上交流汇报,教师进行点评。

(4)完成实训报告,教师评定成绩。

● 实训报告

(1)阅读以小组为单位提交一份绩效反馈面谈模拟实训报告。

（2）阅读实训资料，回答以下问题：

① 小李和小赵对蔡经理的考核结果为什么认同？

② 小赵之所以说要再约蔡经理时间，是不是因为蔡经理说要再对小赵进行指导，把两人的报告进行对比分析，让小赵提高写报告的能力？

③ 下面哪种沟通方式是蔡经理在绩效面谈中应该采取的？

（A）公式化、权威化、生硬

（B）亲切、和谐

（C）友好、亲密、愉快

④ 蔡经理在接下来的面谈中应该注意哪些方面？

（A）对绩效结果进行客观描述而不是判断

（B）正面评价的同时要指出不足

（C）要注意聆听员工的声音；避免使用极端化字眼

⑤ 人力资源部相关人员将要为绩效反馈面谈做哪些工作？

（A）和直接管理者蔡经理进行沟通，和蔡经理明确绩效考核的目的，明确本次反馈面谈的话题，指导蔡经理会谈的技能和反馈面谈实施的步骤

（B）准备反馈面谈相关的资料

（C）选择适合的绩效面谈时间和地点

（D）相关人员的通知

⑥ 蔡经理在分析小赵绩效表现不足的时候，有哪些地方是值得借鉴的？

（A）直截了当的谈客观存在的问题，不遮遮掩掩

（B）对小赵的陈述进行善意的回应，比如"我了解你的心情、我很明白你的感受"

（C）首先批评小赵表现不佳

⑦ 面谈内容一般围绕哪几个方面进行？

（A）职工在上个绩效管理周期内的突出业绩

（B）职工存在的不足和需要继续提升的方面

（C）职工绩效改进提升的计划和措施

（D）职工完成绩效目标需要单位协调解决哪些困难和事项

⑧ 绩效改进计划的制订可以从哪几方面入手?

（A）职工需要改进的方面

（B）改进和发展的原因

（C）目前的状况和期望达到的水平

（D）改进的措施

（E）改进的期限

【评分要点】

（1）能够按照 GROW 模型合理设计绩效面谈步骤,绩效面谈记录表填写完整和准确。

（2）模拟面谈活动认真,面谈对话流畅自如,能够熟练运用绩效反馈面谈的技巧。

（3）回答正确实训报告中的问题。

◎ **实训资料**

实训项目 2 中 L 公司的项目按期结束了,项目小组回到了 Z 公司。回到公司后,项目小组着手进行在 L 公司驻场结束后的相关工作。其中比较重要的一项就是完成绩效考核中的绩效反馈面谈和绩效结果的应用,分配项目奖金。

Z 公司的人力资源部相关人员准备了面谈所需要的工作计划、含考核结果的绩效计划书、过程追踪和沟通的记录、面谈记录表等相关资料,与项目小组成员沟通了面谈的时间,确认后把相关资料和时间地点的安排发送给了相关人员。

蔡经理与小李绩效反馈面谈过程如下:

蔡经理:小李,快来坐。忙了两个月这次项目有什么收获呀?

小李:我觉得自己对薪酬体系又加深了理解,以后再负责这个模块,应该会做的更好,但是在项目中的时候,对于客户薪酬体系面临的问题该如何解决,虽然我们前面也讨论过,但是我自己对这种实操性很强的解决措施还是把握不准,被扣分也是预料之中。

蔡经理:我们以前合作过,我对你的能力还是很有信心的,工作态度

187

也积极,这次表现不错,薪酬体系的解决措施,是和相关政策、客户股权结构、客户的实际诉求等各方面因素相关的,这方面你的报告中有瑕疵,所以扣了5分。

小李:这次项目中,我觉得自己对项目整体的把握还欠缺,对客户反应的敏感度也需要提高,不能预判出客户在看到报告后会出现哪些反应。

蔡经理:都是这么过来的,这种感觉是需多做项目、多积累慢慢形成的,从你的年龄和工作经历来看,能够单独承担1个模块并完成的很好,已经非常不错了。以后在做项目的时候,争取和客户多沟通,沟通之后再多跟项目经理交流,不仅仅要承担这个模块写报告的职责,也要承担起这个模块客户沟通汇报的责任,这样就会得到很大的提高。

小李:这是个不错的途径,谢谢蔡经理!

蔡经理:你对这次绩效考核结果有什么意见吗?

小李:没有,扣分的地方我也没有异议。

蔡经理:还有什么问题需要聊聊吗?

小李:没有了,谢谢蔡经理!

蔡经理:好的,那我们签字确认,今天我们就先聊到这里。

蔡经理与小赵绩效反馈面谈如下:

蔡经理:小赵,讲来坐,回来休息得怎样?对这次做项目有什么感想呀?

小赵:回来这几天,虽然没做什么事情,但脑子一直没闲着,在回想这次项目中的经历。

蔡经理:都想啥了呀?分享一下吧。

小赵:觉得自己还是做的太差劲了。您给我口头讲述客户遇到的问题的时候,我好像是听懂了,但是到自己亲自动手的时候,写起来就没有方向了,其实我内心挺不好意思的,自己的任务完成的不好,还拖累您加班加点的修改,真是不好意思。

蔡经理:我理解你的心情,以前我也有过类似的经历,毕竟是你第一次独立写报告,这种情况很正常,不要有太大的心理压力。我们是一个团队,虽然说分工协作,但是我还是要全局把握的。

你最后提交的绩效报告,虽然结构完整了,但是逻辑性还有些混乱,指出的有些问题也不是这个客户内在的根本问题,比如考核指标书写不规范等等,这种问题其实很多企业多多少少都存在类似的问题,但是如果我们的报告只是这样写,就有点蜻蜓点水了,一定要紧紧抓住它的核心问题。

小赵:谢谢蔡经理的安慰!

蔡经理:这家客户绩效方面的核心问题就是"绩效奖金分配主要是由中层负责人主观意识决定的",内部不公平,才导致人员流失,一定要围绕这个点深挖,再从根本上提出解决问题的方法。为什么由中层负责人主观意识决定呢? 通过调研,我们后面才知道是由于总部监管缺位,由下到上的信息汇报失真,绩效考核反映出的问题只是这些环节问题的表象。

小赵:我理解,当时时间紧迫,我前面已经花费了 20 多天,质量还是不行,其实,即便再给我 10 天时间,我也不见得会有大的突破。

蔡经理:我很明白你的感受,但是如果时间充裕,我会再仔细的指导你,相信你一定会写出一份高质量的报告。因为这个项目绩效报告是你的主要工作任务,权重比较大,所以扣分相对比较多。对于我后面根据考核得分对分配进行的调整,也希望你能理解。

小赵:太感谢您了,蔡经理!

蔡经理:接下来有时间的话,我们再回过头讨论一下,把咱俩的报告对比着分析一下,希望对你有帮助。不要这么客气,我们毕竟是同一个团队。对这次绩效考核结果有什么意见吗?

小赵:没有,扣分的地方我没有异议。

蔡经理:好的。那先对考核结果签字确认,今天我们就先聊到这里。

实训项目 7

基于 MBO 绩效考核法的指标体系设计

● 实训目的

基于 MBO 绩效考核法设计指标体系是通过确定目标、分解目标、安排进度、制订措施、绩效考评等方式来实现企业的自我控制，从而达到管理的目的，实现组织的目标。实训所要达到的目的：掌握基于 MBO 绩效考核法设计指标体系的要领和思路。

● 实训步骤

（1）学生首先阅读资料，然后进行小组讨论。

（2）编写实训报告。

（3）课上交流，由教师点评；最后评定成绩。

● 实训报告

参阅资料，编写实训报告，内容是基于目标分解法设计指标体系的思路和要领。以组为单位提交"实训报告"。

【评分要点】

基于目标分解法设计指标体系的思路和要领要清楚、全面。并指出：

（1）什么是目标分解？

（2）结合资料说出哪个是目标，如何分解。

（3）MBO 的具体操作步骤有哪些？

（4）MBO 的实行条件有哪些？

（5）目标管理卡的效用有哪些?

◎ 实训资料

1. 公司简介

W 供电公司变电运行工区是地区电网的运行监控单位。工区下辖 86 座变电站,担负着五区一市及周边地区工农业生产和人民生活供电的任务。现有各类员工共 200 人。其中,系统内职工 91 人,劳务派遣员工 109 人。设有 9 个职能部门,其部门设置情况如下图 1 所示。

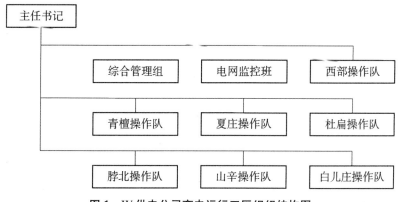

图 1　W 供电公司变电运行工区组织结构图

其中,综合管理组是变电运行工区综合业务管理部门,在工区各部门间起着联络、协调的作用。综合管理组设有组长 1 人,专工 9 人,驾驶员 5 人。

电网监控班是 W 供电公司变电运行工区的电网监控中心,电网监控班设置 24 小时运转的 3 个监控值,监控班值班员负责电网潮流、频率、电压实时状态监控、电气设备倒闸操作、系统异常及事故处理。

各个操作队承担着为电网安全、可靠运行进行倒闸操作和巡视维护的重要任务。各个操作队共有系统内职工 69 人、劳务派遣员工 105 人。每个操作队都设队长 1 人、值班长 3 人。由此可见,对各个操作队及人员的有效管理,是 W 供电公司保证业务质量和实现盈利的重点。

在人力资源管理方面,变电运行工区没有专门设置人力资源管理部门,只设有综合管理组,因此,工区没有系统的人力资源管理制度,员工没有职位说明书,也没有进行人员需求分析预测,什么时候缺人,由用人部门上报,工区再通过市劳务合作中心组织招聘或上报公司人力资源部。

2. 变电运行工区员工现行绩效考核体系介绍

目前,变电运行工区每年组织一次员工考评,只是从所谓德、能、勤、绩四个方面,从工区及部门主管考评、员工相互考评两个层面,分优、良、中、及格、差进行笼统评分,并根据评分结果确定其是否续签劳动合同;在薪酬福利制度方面,职工实行的是岗位工资制,即按不同的岗位,确定不同的工资等级;而员工则不分技术能力和业绩表现,没有岗位区分,一般都按略高于当地最低工资标准实行,也没有奖金。在实际过程中绩效考核全凭领导的主观判断,由于没有工作标准,员工不清楚自己的工作绩效考核指标及标准,主管很少进行绩效评估和对员工的绩效进行总结;在业绩考核奖惩兑现方面,由于员工没有奖金,部门主管基本不进行业绩考核。

1) 绩效考核的目标

变电运行工区实施绩效考核的目标是对工区全体员工进行工作结果的考察,对工作的疏忽、错误所造成的安全事故给予经济处罚,对不良的行为、表现进行负激励,以减少类似事件的重复出现。

2) 现行的绩效考核方法和程序

变电运行工区对各类员工的绩效主要是靠《业绩考核办法》来进行考核。《业绩考核办法》中要求月度奖金严格按照分级管理、逐级考核奖励的方式进行。即工区考核部门,部门考核个人。同时要求各部门加强考核,制定考核的奖惩细则,切实体现从严要求,效益优先,兼顾公平的原则,在奖金分配上拉开差距。

绩效考核的程序是,每月初召开绩效评审会议,总结上月的工作情况。对未完成公司下达的工作任务及出现的安全事故等情况做出扣发一定比率奖金的处理决定,并对当事人做出批评。

3) 现行的绩效考核体系指标及标准体系

变电运行工区的考核指标体系包括通用考核标准、安全考核指标、奖励指标及标准、安全运行管理考核指标及标准、精神文明建设考核指标及标准、文明生产管理考核指标及标准等六个方面。

4) 现行的绩效考核体系系统存在的问题

W 供电公司变电运行工区现在的绩效考核管理工作还存在着一些问题。

流于形式：管理人员观念上的误解、绩效考核定位不准确、部门对实施绩效考核不支持。

员工了解不够：忽视员工的参与、停留在传统的绩效考核层面。

没有激励作用：绩效考核方法不合理、效用范围太窄。

（1）绩效考核工作流于形式。公司费尽气力制订考核制度，是希望通过考核工作能够区分员工工作业绩的优劣，引导员工改进工作作风和提升业务技能，但现在考核的结果大家都差不多，使考核流于形式，停留在纸面上。主要原因如下：

第一，工区管理人员存在管理观念上的误解。劳务派遣用工方式对用工单位来说可以起到降低成本的作用，但是也容易让用工单位在观念上产生误解，在内心并不十分接受劳务派遣的员工，把其看作是企业中的"次等公民"。变电运行工区部分管理人员也犯了这种错误，不把劳务派遣的员工看作是企业的一部分，刻意地区隔他们，并在岗位培训、福利待遇等方面把劳务派遣员工视为外人，没有一视同仁地平等对待，也没有真正对员工进行有效的绩效考核。

第二，变电运行工区的绩效考核定位不准确。绩效考核的定位是绩效管理中的核心问题，在整个绩效管理体系中起着指导性作用。它阐释了通过绩效考核来解决什么问题、达到什么目的，绩效考核的定位直接关系到绩效考核的实施、考核流程和考核结果运用等各个方面。定位的不同必然带来绩效管理体系的差异。仅仅把考核定位于事后的惩罚，运用各种考核手段对不良的工作表现进行负激励，对安全事故责任者给予经济处罚以致解除劳动合同，这势必使得考核在员工心目中的形象是一种负面的消极形象,从而产生心理上的压力。

第三,部门对实施绩效考核不支持。各部门主管虽然认为员工的绩效考核工作非常重要,但是当公司要求部门进行绩效考核工作时,部门主管往往会强调业务工作的重要性和复杂程度,认为绩效考核工作应当是综合管理组的事情,业务部门做这些是在浪费时间和精力。实在不得不进行考核时,往往也是主管们根据自己对下属的印象,做出一个非常主观的评价,最终结果只能是使绩效考核工作遇到员工更大的抵触。

(2)员工对绩效考核不够了解。在变电运行工区,员工认为绩效考核就是扣钱,认为考核就是对他们的一种惩罚的手段,从而对考核工作敷衍甚至抵制。现将原因分析如下:

第一,忽视了员工的参与。变电运行工区在绩效考核的过程中忽视了员工的参与,管理层与员工的沟通十分有限,使员工对绩效考核的理解很肤浅。员工不知道部门主管是否满意自己的工作结果,自己到底工作得如何,如果工作上有了失误,仅仅是被通知扣罚多少钱,员工也没有申诉的机会。

第二,绩效管理仅停留在传统的绩效考核层面上,没有形成一个完整的、封闭的、可控的系统。传统的绩效考核会使管理人员同员工之间站在相互对立的两面,距离越来越远,甚至会制造紧张的气氛和关系。而绩效管理能建立管理层与员工之间的合作伙伴的关系,管理层与员工一起制定工作目标与标准,员工对绩效管理有了全面的理解和认可。

(3)绩效考核没有激励作用。从变电运行工区原有的业绩考核细则及绩效考核实践来看,绩效考核工作没有激励作用,分析其原因如下:

第一,绩效考核方法不合理。变电运行工区对员工的考核没有采用先进的绩效考核方法,不能很好地对考核对象进行区分。另外,变电运行工区对员工的绩效罚多奖少,对先进的奖励不足,起不到激励作用。

第二,绩效考核工作的效用范围太窄。变电运行工区实行的原有业绩考核方法,把考核的结果定位为扣发工资、事后处罚的依据,而没有与奖励工资、岗位培训、岗位晋升等相互关联起来,必然导致其丧失应该有的激励作用。

3. 值班员的工作职责

值班员每天的工作就是进行设备的巡视维护,协助填写操作票,辅助进行电网监控,执行设备现场操作,在值班长的领导下进行事故处理,以及确保设备正常运行。

他们需要在班长的带领下做好变电站的安全运行和设备维护工作,及时发现、汇报设备缺陷,并在值班长的监护下进行倒闸操作和异常事故处理。按照要求填写操作票,在值班长指导下布置设备检修工作的安全措施。在工作之余,他们还需要各类培训以及科技攻关和 QC 小组等班组管理工作。每日的工作情况也需要填写在值班记录、巡视记录等各类运行记录表中。必须妥善清理和保管安全工具、工器具和物品。巡视所管辖变电站的设备,辅助进行电网监控。当发现违章指挥和违章作业,或是与工作无关的人员进入现场,应及时予以制止。

实训项目 8

基于 KPI 绩效考核法的指标体系设计

◉ 实训目的

基于 KPI 绩效考核法设计指标体系是将企业宏观战略目标决策层层分解,产生可操作可量化、关键的、有增值作用的绩效指标,实现企业的自我控制,从而达到管理的目的,实现组织的战略目标。实训所要达到的目的:掌握基于 KPI 绩效考核法设计指标体系的要领和思路。

◉ 实训步骤

(1) 学生首先阅读资料,然后进行小组讨论。

(2) 编写实训报告。

(3) 课上交流,由教师点评;最后评定成绩。

◉ 实训报告

参阅资料,编写实训报告,内容是基于 KPI 绩效考核法设计指标体系的思路和要领。以组为单位提交"实训报告"。

【评分要点】

基于 KPI 绩效考核法设计指标体系的思路和要领要清楚全面,并指出:

(1) 实训资料中哪些是 KPI;三级 KPI 分别都是哪些;它们之间是什么关系;如何分解出来的。

(2) 什么是 KPI 指标分解。

（3）KPI 分解设计指标体系的特点，KPI 指标分解与目标分解有什么不同。

◎ 实训资料

1. 公司简介

××生物工程有限公司是一家成立于 1992 年 7 月，注册资金为 2 280 万元，是××省工商局批准注册的股份制企业，作为××省科技厅牵头组建的一家股份制高新技术企业，建有目前全球最大的螺旋藻养殖基地，养殖面积达 28 万平方米，是世界螺旋藻原粉市场的最大供应商，在国内已建立了遍布全国 25 个省市自治区 50 多个城市的营销网络，是一家集药品研发、生产、销售为一体的股份制高新技术企业。

公司十分重视科研经费的投入，每年拿出销售收入的 2%～5% 作为新产品的研发费用，走产、学、研结合的路子，充分利用××省药用植物资源，与国内十多家实力较强的科研机构建立长期合作关系，积极研发心脑血管、肿瘤领域一、二类新药。同时，公司还广泛开展国际间的技术交流和合作，同国际藻类应用学领域的权威人士建立了稳定良好的紧密型合作关系，进一步提升了公司在微藻和中药、天然药领域中的产品研发应用水平。实力强劲的研发团队和丰富的新产品储备为公司做大做强奠定了坚实的基础。

经过十多年的发展，公司已具备较好的研发和技术创新能力，经济效益稳定增长。并且公司将借助国家及××省的政策机遇，以天然药物为基础，打造以灯盏花系列为核心的重点品种，进一步深度开发，提高质量控制水平，使其成为公司的拳头产品。

2. 公司组织结构

××生物工程有限公司现有员工 463 人，拥有大专以上文化程度 162 人，占职工总数的 35%，其中直接从事研发的科技人员比例为 12%。实行标准的直线职能制，下设办公室等八个部门，公司组织机构如图 1 所示：

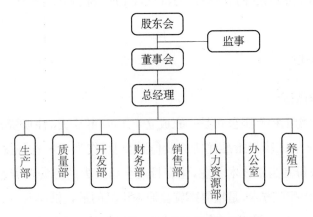

图1　××生物工程有限公司组织机构图

3. 公司发展目标

　　××生物工程有限公司根据现阶段经营情况,确定了公司发展的战略方向:公司从上至下必须从思想上、行动上将未来五年视为公司的二次创业阶段,将公司从螺旋藻单一资源开发型企业建成专业的药用生物制药企业;立足于××省丰富的药用植物资源,以市场为导向,组合运用社会现存的生物制药先进技术、人力资源,用五年左右的时间,将公司转型发展成为一家专业从事药用生物资源开发、生产、销售的股份制高新技术制药企业。具体的发展目标如图2。

公司目标图

公司目标1

理清和解决现在产权结构中存在的问题,形成有利于公司发展的、规范的治理结构,实现产权、管理、监督有序,解决债务问题,对债务进行适当处置,使资产与负债比例良好配置。

公司目标2

将公司现有的资源重点用在销售与研发上,全面建设、健全的销售管理体系,由现有粗放型带金式销售转变为现代型学术式销售模式;将研发从低投入、低产出、耗时长转变为高产出、快速高效的市场化模式,努力构筑核心竞争力。

公司目标3

成本管理:在原有成本分析基础上,重新完善成本管理体系,监控并分析公司经营成本,实现公司成本的全面降低。

公司目标4

建立并完善有效的考核、激励机制,形成充满竞争与人性化结合的人力资源管理机制。全面建设企业文化,贯彻"创造、契约、发展"的核心理念,形成员工对公司负责、公司对员工的职业生涯负责。尤其要对公司发展做出过贡献的员工的职业生涯进行规划。

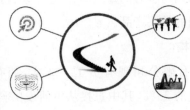

图2　××生物工程有限公司目标图

4. 公司人力资源现状

1）人员分析

公司现有员工 460 多人，根据现有部门和岗位的设置，目前××生物工程有限公司所有人员分为四大类别，即管理人员、专业技术类人员、销售业务人员、生产操作及辅助类人员。

（1）公司员工岗位学历分析。其中中专及以下学历的人员仍然占××生物工程有限公司总人数的 58%，这部分人员主要集中在生产操作及辅助类人员中，除生产操作人员及辅助类人员以外，人员的学历基本上都集中在大专和本科（见图 3、图 4）。

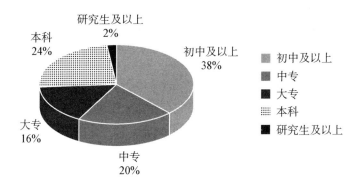

图 3　××生物工程有限公司员工学历结构图

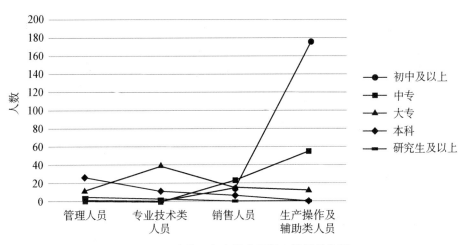

图 4　××生物工程有限公司员工学历结构图

人员素质是公司对于员工最关注的要素，人员素质可以从人员具备的能力、知识结构和工作态度等方面进行评价，而学历基本可以较为直观地反应一个员工的基本素质。从图3、图4中显示的数据可以看出，公司大专及以上学历的员工占比仅为42%，而且学历较低的人员大部分集中在生产操作及辅助类人员中，虽然公司员工的学历并非越高越好，但是还是需要适当地综合考虑各岗位的要求来合理配置人员，比如应该尽量减少初中及以下学历的人员，使得生产操作及辅助类人员学历尽量平衡在中专及同等学历。

（2）公司员工年龄阶段分析。从年龄结构上来看，目前××生物工程有限公司的员工年龄主要集中在31～45岁之间，其中36～40岁之间的人数所占比例最大，而平均年龄为35.9岁（见图5）。

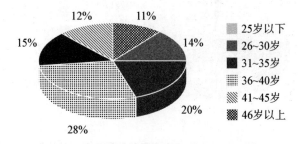

图5　××生物工程有限公司员工年龄结构图

（3）职位结构分析。目前××生物工程有限公司的职位结构分为四个层级——管理人员、专业技术类人员、销售业务人员、生产操作及辅助类人员。从公司目前的生产和业务来看，××生物工程有限公司管理人员的平均管理幅度较为合理（见图6）。

2）公司现行绩效管理现状

目前××生物工程有限公司绩效考核体系按分层分类相结合的方法进行划分，主要有以下几种考核模式：首先，从分层的角度看，将考核分为董事会对公司绩效考核、公司对各个部门的考核、公司对员工的考核三个层次；其次，从分类的角度看，主要是公司对各个部门的考核，按人员类别进行分类，具体分为：管理人员考核、专业技术人员考核、销售人员考核、

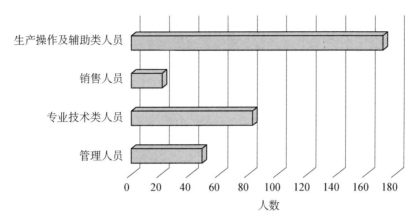

图 6　××生物工程有限公司职位结构图

生产操作及辅助类人员考核、试用期人员考核。

　　另外,人力资源部通过对调查问卷的统计,结合调查问卷中所涉及的问题,发现了××生物工程有限公司在绩效考核中存在以下主要问题,见图 7。

图 7　绩效管理存在的问题

　　制药企业要想在市场中获胜,必须要打造竞争形势下的核心竞争力,占有足够的市场份额。随着知识经济的到来,越来越多 90 后劳动力主力军的融入,绩效管理在人力资源管理中的地位和作用日益增强,使用绩效管理来促进公司核心竞争力已成为大多数企业的关键选择,公司决定建立以 KPI 为主要构成框架的、基于企业战略的绩效考核指标体系,目的是为了使企业的绩效考核导向更加明确化、指标更加具体化、标准更加客观化、执行力加强化,从而提高××生物工程有限公司的绩效水平,提升企业的核心竞争力。

实训项目 9

基于 BSC 绩效考核法的指标体系设计

基于 BSC 绩效考核法设计指标体系是通过财务、内部流程、顾客、学习和发展等四个逻辑相关维度及其相应的绩效指标,考察企业实现其愿景及战略目标的程度。实训所要达到的目的:掌握基于 BSC 绩效考核法设计指标体系的要领和思路。

○ 实训步骤

(1) 学生首先阅读资料,然后进行小组讨论。

(2) 编写实训报告。

(3) 课上交流,由教师点评;最后评定成绩。

○ 实训报告

参阅资料,编写实训报告,内容是 LX 集团基于 BSC 绩效考核法设计指标体系的思路和要领。以组为单位提交"实训报告"。

【评分要点】

基于 BSC 绩效考核法设计指标体系的思路和要领要清楚全面,并指出:

(1) 平衡计分卡的内容及其相互关系,以及设计步骤和思路。

(2) 平衡计分卡的特征是什么,与 KPI 有什么相同点和不同点以及各自的优缺点。

◉ **实训资料**

LX 集团绩效管理与平衡计分卡的应用

1. 公司背景

LX 是一家营业额达 210 亿美元的个人科技产品公司,客户遍布全球 160 多个国家。集团主要生产台式电脑、服务器、笔记本电脑、打印机、掌上电脑、主机板、手机等商品。集团凭借创新的产品、高效的供应链和强大的战略执行,锐意为全球用户打造卓越的个人电脑和移动互联网产品,在全球开发、制造和销售可靠、优质、安全易用的技术产品及优质专业的服务。

LX 的"保卫和进攻"战略为集团阶段性的发展奠定了坚实的基础,在这项战略下,LX 围绕新兴市场和成熟市场的独特业务架构运营,以便应对不同的市场特色,迅速而有效地执行适当的战略。

2. 公司战略

2010 至 2011 财年 LX 集团的战略重点可以分为以下几个方面,见下表:

(1) 战略:集团将继续落实"保卫 + 进攻"的双拳战略。一方面保卫中国业务和成熟市场关系型业务的领导地位和盈利能力;一方面进攻新兴市场及成熟市场交易型业务,实现快速的增长。集团希望能够凭借创新的产品和出色的用户体验,把握移动互联网市场的增长机遇。

(2) 创新:持续在创新上进行投入,以用户体验为核心,深入核心部件技术的研究,打造"设备 + 服务"端到端(设备端到服务端)整合的平台,构建起完善的生态系统。

(3) 品牌:继续投入全球品牌的建设,让品牌逐渐成为集团在消费领域的竞争力,提升产品附加值,提升集团的盈利水平。

(4) 业务模式:继续优化业务模式,促进端到端(设备端到服务端)效率的提升。关系型业务在已有优势的基础上持续改善,交易型业务加速能力提升,充分把握市场增长的机会。

（5）执行：以强有力的执行为基础，持续扩展业务规模，并良好控制成本，在竞争中取胜。

2011—2012 财年"保卫和进攻"策略	
保卫	进攻
中国： （1）提升个人电脑领先优势 （2）提高盈利能力 （3）发展服务器、工作站，推动商用业务增长 成熟市场关系型业务： （1）在所有区域实现稳定的盈利 （2）全面提升市场份额	MIDH（移动互联和数字家庭业务集团）： （1）全球发展移动互联网和数字家庭业务 　　于中国推出平板电脑、智能手机及智能电视 　　于海外市场推出平板电脑 （2）带动融合（云终端、关键应用、最佳用户体验） 新兴市场（不包括中国）： （1）重点国家获得 10% 以上的市场份额 （2）进攻中小企业和消费市场，并力争盈利 成熟市场交易型业务： （1）加强家庭用户、中小企业和零售渠道以提升市场份额 （2）拓展协同业务以提升盈利水平
引领创新	（1）创新产品和用户体验 （2）业务模式 （3）质量管控 （4）全球品牌建设
业务模式	（1）提高三类客户领域端到端模式的效率 （2）改善端到端速度 （3）关注客户需求
全球文化	（1）深化"LX 之道" （2）说到做到、尽心尽力

3. 公司近况

近三年其利润总额基本都保持在 90% 以上并每年保持上升趋势。同时主营业务也是 LX 公司战略目标的重要组成部分。但由于信息科技技术日趋发达，同行业之间竞争也显得更为激烈。LX 公司主营业务收入的增长率也只在 7.5% 左右徘徊。为了增加股东价值，公司制定了具有一定挑战性的目标。公司要不断增加销售收入，达到同比增长 10% 的期望，同时严格评估管理费用的控制情况，降低各种费用的开支，争取将成本控制在 3%~5% 左右，进而使销售利润增长，以扩大市场竞争力，在市场上占有一定的份额。

在公司的客户层面上，LX公司持续在创新上进行投入，以用户体验为核心，把客户需求放在首位，高质量、低价格满足客户对功能以及可用性方面选择的标准。另外，客户对服务的满意程度是公司需要予以重点关注的对象。近期对客户进行满意度调查的各项数据也表明客户对产品的各个方面并不十分满意，这与公司预想的满足90%的客户还有一定的差距。但由于市场、资金、技术等各方面条件的约束，公司在老客户保持率上较前几年略显不足。而对于新客户的吸引也显得力不从心。因此LX公司将继续投入全球品牌的建设，提高顾客满意度不断吸引新客户，让品牌逐渐成为集团在消费领域的竞争力，提升产品附加值，与客户建立双赢的伙伴关系，并保持市场占有率在40%，以提升集团的盈利水平。

在内部流程方面，LX公司严抓安全生产、规范管理，已保持连续21个月安全生产0事故，并在组织、团队、个人的共同努力下能及时高效的完成经营计划。但是由于对市场需求分析有一定的偏差，在产品设计方面缺少创新，因此在市场上的竞争力受到一定程度上的影响，也增加了企业的经营成本。因此，在接下来的产品研发流程中，将紧抓产品研发团队在市场需求分析和产品设计创新，力争新推出的产品不仅符合广大用户的需求，同时具有一定竞争对手难以模仿和超越的创新性。在公司整体流程管理上，LX集团想要建立一套简洁高效，切实为战略目标服务的内部流程，包括生产成本的控制、供应和服务的运营流程，不断提高客户价值的客户管理流程，创造新产品和服务的创新流程以及完善公司制度、提高工作环境的制度和社会环境流程。

同时，对于LX这样的一个大企业，由于工作方式和组织结构复杂矛盾，容易导致员工满意度不高，培训计划完成率的公司标准也显得较低，造成员工队伍不稳定，影响企业正常运营，近期调查的员工满意度仅为70%，这与公司预期的公司员工满意度达到85%有很大差距。而员工对于企业组织的各种文化活动（包括有丰厚物质奖励的活动）都没有参与的兴趣和热情，要达到让公司85%的员工对公司企业文化有认同感有很大困难，这样就不利于公司人力、信息、组织等无形资产的开发。因此，在人力上公司需要对以往"培训形式化"的现象进行治理,加强员工知识、技能等方面提升和培训,增加员工的才干和创造力;信息方面要不断完善公司数据库、信息系统和技术上的基础设施,以适应不断发展的信息时代;而组织资本方面 LX 集团需要加强企业文化建设,提高各层管理者的领导力,加强团队建设,增加员工的团队协作能力,进而加强组织的凝聚力。目前公司的生产率普遍较低,预期整体劳动生产率将提高 10%。

4. "LX 之道"

企业文化是 LX 的竞争优势。LX 多元化、来自不同文化背景的精英人才,共同秉承集团称为"LX 之道"的价值观。"LX 之道"可以总结为成4P:想清楚再承诺(Promise);承诺就要兑现(Perform);公司利益至上(Prioritize);每一年、每一天我们都在进步(Promote)。"LX 之道"的核心理念:"说到做到、尽心尽力"。

1) 想清楚再承诺(Promise)

LX 十分强调计划性,强调先想清楚再做出承诺。

该部分可分为四部分:第一,要先了解背景,能基于内外部的事实和数据做出决策,能及时总结过去的经验教训;第二,分析现状,要求能充分分析当前的要求和所需的资源,能有效沟通目标并吸取团队成员的意见建议;第三,明确目标,要求能透彻了解端到端流程、步骤并评估潜在的风险并且能把目标转化成严格、可执行的方案;第四,做好规划,要求把客户需求放在首位,并据此制定可行的和具有挑战性的目标,同时能平衡长期目标和短期目标。

2) 承诺就要兑现(Perform)

LX 要求做到承诺了就要兑现。

这部分公司的主要任务是建立一套简捷、高效并切实为业务目标服务的流程,能充分利用资源来达成内外部目标。同时,要保证公司的人员能够各司其职,积极提供问题的解决方案。对于计划,要求做到有效落实,在落实中要求以结果为导向,建立明确的衡量标准。

3）公司利益至上（Prioritize）

公司在这部分主要强调一切行为以公司利益至上。

企业要关注长期利益和长远发展，不能只看眼前；要注重大局和公司整体利益，为了目标的完成可以打破部门界限；员工要能主动承担、负责公司的事务，以主动满足客户需求为第一要任。

4）每一年、每一天我们都在进步（Practice）

企业期望整个集团每一年每一天都在进步。

企业要不断总结过去的经验教训，以质量而非数量取胜。在总结过去的基础上要准备好开拓未来，企业的员工要学会自我完善，与企业共同进步。

5. 未来发展

2010—2011财年，全球个人计算机市场于年初仍能保持相对较快增长，但随着以新兴市场为主的国家实行宏观经济调控措施以对抗通胀、消费个人计算机需求放缓及受若干市场的同比基数较高影响，全球个人计算机市场的增长年底时开始减慢。

在全球个人计算机市场中，商用及消费个人计算机市场表现有差异。受惠于企业更新计算机周期，商用个人计算机需求逐渐回升，但消费个人计算机需求则因宏观经济环境欠佳及来自平板计算机的竞争日趋激烈而变得疲弱。本财年，全球商用个人计算机销量同比上升8.8%，扭转了2008—2009财年金融危机发生以来的跌势，而全球消费个人计算机的销量同比增长只有6.2%，其中于本财年第四季度更落得负增长。因此，总体上全球个人计算机销量同比上升了7.4%。

行业数据显示，中国未来的个人计算机市场规模将超越美国，成为全球第一大市场；同时，集团在中国的市场份额已经连续12年取得第一。这些预示着集团巨大的发展空间及发展优势。也正是基于中国市场的扩大，集团将继续采用"保卫与进攻"的双拳战略，继续采用上一年度采用的各种策略，以谋取持续有效的发展。

（资料来源：上海踏瑞计算机软件有限公司绩效管理实训软件。）

参考文献

［1］杨敏杰.基于结构方程模型的虚拟企业合作绩效评价维度研究［J］.科技进步与对策,2010(7)：108－111.

［2］杨敏杰.虚拟成员企业阶段性绩效评价与预测模型的研究［J］.统计与决策,2010(5)：30－32.

［3］杨敏杰.虚拟人力资源绩效评价模型及评价系统的设计［J］.统计与决策,2010(4)：56－58.

［4］杨敏杰.eHR 环境中企业绩效管理的研究［J］.学术交流,2009(1)：65－66.

［5］杨敏杰.高校教师绩效评价的研究［J］.哈尔滨理工大学学报,2006(6)：96－98.

［6］肖利哲,杨敏杰.人力资源开发与管理导论［M］.黑龙江科学技术出版社,2001(11).

［7］杨敏杰.企业员工品德测评的研究［J］.中国经济与管理科学,2009(1)：23－24.

［8］［美］赫尔曼·阿吉斯.绩效管理［M］.刘昕,柴茂昌,孙瑶,译.北京：中国人民大学出版社,2013.

［9］杨敏杰.高校优秀教师人格素质结构的建立［J］.科技与管理,2006(6)：110－112.

［10］方振邦,唐健.战略性绩效管理［M］.北京：中国人民大学出版社,2018.

［11］高毅蓉,崔沪.绩效管理［M］.大连：东北财经大学出版社,2015.

［12］付亚和,许玉林.绩效管理［M］.北京：复旦大学出版社,2018.

［13］孙海发,程贯平,刘黔川.绩效管理［M］.北京：高等教育出版社,2015.

［14］葛玉辉,陈悦明.绩效管理实务［M］.北京：清华大学出版社,2008.

［15］谢伟宁.企业管理：知识与技能训练［M］.北京：清华大学出版社,2009.

［16］林筠,胡利利,王锐.绩效管理［M］.西安：西安交通大学出版社,2006.

［17］刘秀英.绩效管理实训［M］.杭州：浙江大学出版社,2016.

［18］李立国,程森成.绩效反馈面谈的 SMART 原则［J］.中国人力资源开发,2004(2)：41－43.

［19］芦慧,顾琴轩.绩效考核：你究竟惹谁了？［J］中国人力资源开发,2006(9)：63－66.

［20］杨杰,方俐洛,凌文辁.对绩效评价的若干基本问题的思考［J］.中国管理科学,2000(4)：74－80.

［21］Minjie Yang. Research on Internet Based Information Communication System of the Performance Evaluation in Virtual Enterprises［J］. 2010 2nd IEEE International Conference On Information Management and Engineering，2010(6)：542－546.